Juillet 42

SOUS UNE MAUVAIS ETOILE

STÉPHANE DESCORNES

LES ROMANS DE LA MÉMOIRE

Préserver la mémoire de ceux qui ont été acteurs ou témoins des conflits du XXe siècle, c'est d'abord s'interroger sur les valeurs qu'ils ont été amenés à défendre, et sur lesquelles se fonde la démocratie actuelle.

En replaçant le lecteur au cœur de ces périodes difficiles de notre Histoire, Les Romans de la Mémoire, proposés par la direction de la mémoire, du patrimoine et des archives du ministère de la défense, en partenariat avec les éditions Nathan, se veulent une contribution à son approche de la citoyenneté.

Conforme à la loi n° 49956 du 16 juillet 1949
sur les publications destinées à la jeunesse
ISBN 209 211132 - 9

Ministère de la défense,
secrétariat général pour l'administration,
direction de la mémoire,
du patrimoine et des archives.

Juillet 42

SOUS UNE MAUVAIS ETOILE

CHAPITRE 1

Horrible été que celui de 1942 ! Le plus étouffant que Paris eût connu depuis longtemps. C'était le dernier jour de juin, en fin d'après-midi. Munis d'un maigre sac à provisions, les trois enfants remontaient le quai de Grenelle, la gorge sèche, fourbus, en nage.

– Trois heures de queue ! s'exclama Lise Angevin en consultant sa petite montre-bracelet. Les gars, on vient de battre un record !

Elle exhibait fièrement la jolie montre qu'elle avait reçue pour ses douze ans, et qui avait appartenu à sa grand-mère. François, son frère cadet, y jeta un bref coup d'œil. Leur ami Jonas, le plus jeune de la bande, lâcha quant à lui un soupir épuisé.

– Tu as eu de la viande ? s'enquit Lise en lorgnant le sac de son frère.

Aujourd'hui, mardi, c'était un jour « sans ». Les boucheries étaient fermées et personne ne pouvait acheter de viande. Du moins, en principe.

– Le rideau de fer était à moitié baissé, expliqua François. Alors j'ai jeté un œil dans la boutique. Quand le boucher m'a vu, il a grogné quelque chose de pas aimable. Il m'a coupé des tranches de viande comme un dingue, et m'a tendu le paquet avec un regard d'égorgeur. Je hais ce type !

– Je te rappelle que l'« égorgeur » a une dette envers papa, dit Lise. S'il ne nous vend pas de viande, il sait qu'il lui arrivera des bricoles !

– D'où l'intérêt d'avoir un père flic, plaça Jonas, un rien caustique.

– T'es marrant, toi, répliqua François. Si on veut pas crever de faim, faut bien se débrouiller, non ?

François faillit lui rappeler ce qu'ils étaient censés trouver chaque jour dans leur assiette. En gros : 30 grammes de viande, 275 grammes de pain ; 7,5 grammes de beurre ; 7 grammes de fromage, 8 grammes de chocolat, deux sucres, pas de légumes, parfois un œuf, jamais de lait ! Il se contenta d'exhiber ses bras maigres :

– Si on s'en tenait aux rations autorisées, conclut-il, en deux mois on se transformerait en squelettes ambulants !

– Je sais... dit Jonas. Je plaisantais...

Lise poursuivit son inventaire :

– Et toi, Jo ? Tu as eu quoi ?

Jonas désigna son sac à moitié vide :

– Pas grand-chose, annonça-t-il en grattant sa tignasse rousse d'un air contrarié. Des rutabagas[1]...

Ses amis firent la grimace. Jonas ajouta :

– Y avait plus de farine, et pour les œufs, faudra revenir demain.

---

1. Rutabaga : sorte de chou-rave au goût de navet.

– Et Maman qui voulait nous faire un gâteau, soupira la fillette.

– On ne devait pas recevoir un colis des cousins de papa ? demanda François. Les Bretons ?

– Tu sais bien que les colis ont du mal à arriver, objecta Lise. Les gens les volent en route. Et on ne peut même pas leur en vouloir : c'est la guerre, tout le monde crève de faim !

– Nous aussi on crève de faim, grommela François. Tout ça à cause des...

Le bruit rauque d'un moteur l'empêcha de finir sa phrase. Une voiture noire, chargée d'officiers SS, passa en trombe sur le pont. Un même frisson saisit les trois gamins.

– Les Boches ! lâcha François, les mâchoires crispées.

Les « Boches », les « Schleus », les « Fridolins »... autrement dit, les Allemands... cela faisait deux ans qu'ils occupaient Paris. Impossible de les oublier très longtemps ! Dans le quartier de Grenelle, à chaque coin de rue, vous croisiez un uniforme de la Wehrmacht[1]. D'immenses bannières à croix gammée recouvraient de nombreuses façades, et même certains monuments ; les panneaux indicateurs étaient en allemand ; des camions chargés de soldats en armes quadrillaient la ville sans relâche ; on avait même avancé les pendules de deux heures afin qu'elles coïncident avec celles de Berlin...

1. La Wehrmacht : l'armée allemande.

– Ils sont perdus ou quoi ? s'inquiéta Lise, en voyant la voiture noire faire demi-tour au bout du pont.

Roulant cette fois au pas, elle repassa près des enfants, qui eurent le temps de détailler ses occupants. Ils étaient cinq. Des visages taillés à la serpe. Et jetant à l'entour des regards de fauves à l'affût.

– Pourvu qu'ils ne nous demandent pas leur chemin, frémit François.

Mais la voiture s'éloigna sans s'arrêter.

– Ça m'est arrivé l'autre jour, dit Jonas. Un soldat allemand, égaré, qui cherchait la place de l'Étoile...

– Sans blague ? s'exclama François.

– J'ai failli lui indiquer ma poitrine, sourit le petit rouquin en désignant son cœur.

– T'es fou ! s'écria Lise. Tu ne portes pas l'étoile ! Tu voulais te faire arrêter ou quoi ?

L'affolement de la fillette était justifié. À Paris, depuis le début du mois (le 7 juin précisément), aucun Juif, enfants compris, ne devait se montrer en public sans arborer une étoile jaune. Sous peine d'amende ou de prison. Cette mesure faisait partie de ce qu'on appelait la « loi portant statut des Juifs ».

– Calme-toi ! répliqua Jonas. J'allais pas dire à ce boche que j'étais juif ! Mais je me suis pas gêné pour lui indiquer une mauvaise direction !

Jonas fut sur le point d'ajouter : « Et puis, après tout, tant mieux s'il m'avait arrêté ! Comme ça, j'aurais été rejoindre mon père ! »

Mais les mots restèrent coincés dans sa gorge.

Max Sipowitz avait été arrêté cinq mois plus tôt. Depuis, on n'avait plus aucune nouvelle de lui.

Sans le père de ses amis, Jonas se serait retrouvé à la rue ou, qui sait, les nazis l'auraient peut-être arrêté lui aussi !

Paul avait fait la connaissance des Sipowitz en 1933... date à laquelle Jonas et son père Max avaient débarqué de Pologne, fuyant la misère et les persécutions antisémites. Jonas n'avait jamais connu sa mère, qui était morte du typhus à sa naissance. En échouant à Paris, Max n'avait pas un sou en poche, juste un violon, dont il jouait dans les cabarets... mais ce n'était pas suffisant pour les nourrir, son fils et lui. Un jour, il avait rencontré deux Polonais, exilés comme lui, qui lui avaient proposé une place (bien payée) de gardien de nuit dans un garage. Le hic, c'est que l'endroit était la plaque tournante d'un joli trafic de voitures ! Venu perquisitionner, Paul Angevin tomba sur Max, l'air égaré, ne parlant pas un mot de français. Décidant de lui donner sa chance, il le laissa filer et omit de le mentionner dans son rapport. De ce jour, les deux hommes devinrent les meilleurs amis du monde...

Aussi, dès qu'il apprit l'arrestation de Max, Paul accueillit-il Jonas chez lui. Au commissariat, son ami Phil Leonetti, chargé de délivrer les cartes d'identité, lui procura de faux papiers et, du jour au lendemain, Jonas Sipowitz devint « Joseph Dinan ». Officiellement, il était un « cousin éloigné » de Lise et François.

Cette « adoption » mettait parfois Jonas mal à l'aise. Deux enfants à nourrir, en temps de guerre, c'est déjà difficile. Alors trois ! En plus, dans le petit deux pièces, François était obligé de partager son lit avec lui. François était sympa : il disait que ça ne le gênait pas, mais quand même !

Par moments, Jonas se reprochait d'être un fardeau pour les Angevin. Et surtout un danger ! Cacher un Juif, en ces temps, ça pouvait vous coûter très cher ! Il aurait préféré s'enfuir dans la nature plutôt que de causer des ennuis à ses amis.

« S'enfuir ; qu'on l'arrête ; retrouver son père... » Depuis cinq mois, Jonas ressassait les mêmes pensées.

Tout en cheminant, silencieux, près de ses amis, il pensait à ce soldat égaré qui cherchait la place de l'Étoile. Il s'imaginait en train de lui désigner son cœur, comme une cible, en disant : « Oui, je suis juif. Allez-y ! Arrêtez-moi. Et emmenez-moi où vous avez mis mon père ! » Alors le visage de l'Allemand se penchait sur lui, un rictus ignoble déformant ses lèvres, et une main glacée empoignait la sienne.

Jonas eut un sursaut. Au même instant, la voiture noire pleine de SS repassa une nouvelle fois sur le pont, dans l'autre sens. Tel un requin rôdant autour d'une proie.

– Encore eux ! fit Lise d'une voix tremblante.

– Euh, si on marchait plus vite ? proposa François, pas très rassuré.

Les autres approuvèrent et ils pressèrent l'allure.

Tandis qu'ils arrivaient à la hauteur de la rue Rouelle, de violents éclats de voix attirèrent l'attention des enfants : plantés devant la terrasse d'un bistrot, deux hommes en chemise bleue, la manche ornée d'un brassard portant les lettres PPF, apostrophaient violemment un client :

– Hé ! le Juif ! aboya le plus petit des deux. C'est à toi qu'on cause !

L'interpellé portait une chemisette avec, bien sûr, l'étoile jaune bien en vue. Au centre de l'étoile, le mot « JUIF » était imprimé en lettres noires. Des lettres dont le dessin tremblant évoquait des flammes.

– On t'a dit de déguerpir ! reprit le sale type. T'es sourd ou quoi ?

Les trois amis se mêlèrent à un petit groupe de curieux qui stationnait face au bistrot.

– Qui sont ces deux pourris ? demanda François tout bas.

– Regardez leur brassard... murmura Lise.

– « PPF » ? lut Jonas. Ça veut dire quoi ?

– C'est le « Parti populaire français », expliqua Lise. Créé par Doriot. Selon papa, il faut se méfier de ces gars-là comme de la peste. Ils sont presque pires que les Boches...

Comme pour confirmer sa remarque, le petit doriotiste cria d'une voix de fausset :

– Y en a marre de voir des faciès dans ton genre ! Alors tu vas te lever et détaler en souplesse !

Son comparse, un grand maigre dégoulinant de sueur, gloussait bêtement.

– Ces deux-là, on dirait Laurel et Hardy, fit remarquer François.

– En moins drôles, grinça Lise.

Feignant d'ignorer les doriotistes, l'homme à l'étoile but lentement une gorgée de son verre. Alors « Laurel » le lui arracha des lèvres d'un revers de main, l'envoyant se briser sur le trottoir.

– T'as entendu ce qu'on vient de te dire, sale youpin ? éructa « Hardy ».

« Youpin », ou encore « youtre », ce n'était qu'un des mille surnoms méprisants qu'on donnait aux Juifs, ces temps-ci.

– Salopards ! cracha François entre ses dents.

Sans un mot, l'homme à l'étoile se leva, piocha dans sa poche quelques pièces qu'il jeta sur la table d'une main tremblante. Puis il tourna le coin de la rue, d'un pas rapide. Laurel et Hardy s'éloignèrent de leur côté, la mine satisfaite.

La scène n'avait pas duré plus d'une minute. Pas un des

autres buveurs ni des badauds n'avait bougé. C'était comme s'il ne s'était rien passé. Les gens se dispersèrent et les enfants se remirent en route, encore secoués par ce qu'ils venaient de voir.

Empruntant la rue Émeriau, les enfants s'engagèrent bientôt dans la rue Nélaton. François retrouva le premier la parole :

– Ça devient de pire en pire ! Les Juifs n'ont plus le droit d'aller au café, au cinéma, au restaurant. Ni de téléphoner ou d'écouter la radio. On les insulte dans la rue et personne ne réagit !

– Les gens ont peur, dit sa sœur. Tout le monde n'a pas le courage de protester.

– Pourtant, y a des Français qui osent, fit remarquer Jonas. Vous vous rappelez ce gars qu'on a croisé, l'autre jour ? Il portait une étoile, avec écrit quoi dessus ?

– Papou ! se souvint François. Excellent !

– Ton père en a vu un autre, ajouta Jonas, au commissariat, qui avait huit étoiles à la ceinture. Ça formait les lettres du mot « Victoire »...

– Voilà des types qui ont du cran ! s'exclama François.

– Seulement, quand ils se font prendre, rappela sa sœur, on les envoie direct à Drancy[1] !

– Moi je dis que les Juifs devraient refuser de porter

1. Drancy : camp d'internement ouvert par les Allemands en août 1941.

l'étoile, s'énerva François. Le père de Jo, j'en suis sûr, n'aurait jamais voulu la mettre !

– Malheureusement, soupira Lise, il n'en a pas eu l'occasion.

Jonas ne fit aucun commentaire. Il se souvenait de la réaction de son père quand les Juifs avaient dû aller se faire recenser. Il avait dit : « On n'ira pas. C'est un piège. Quand ils connaîtront nos adresses, ils n'auront plus qu'à venir nous cueillir ! » Lorsque, en août 1941, les allemands avaient arrêté de nombreux juifs immigrés du onzième arrondissement, Max Sipowitz s'était trouvé conforté dans sa détermination. Certes, il n'était pas « en règle ». Mais au moins, il était libre. Pour combien de temps encore ? « Ils m'auront peut-être, grinçait-il, mais je ne vais tout de même pas les aider ! »

– Moi je vais me fabriquer une étoile avec marqué dessus « Pirate », annonça soudain François avec un air de bravade.

– N'importe quoi... se moqua sa sœur. Hé ! mais... en parlant de pirate... (Coup d'œil à sa montre...) Ça va être l'heure de *Chanteloup* !

Chanteloup, c'était leur feuilleton quotidien, à la TSF[1]. Ils ne l'auraient manqué sous aucun prétexte !

– Bon sang, vite, on se dépêche ! dit François en accélé-

1. TSF : Télégraphie sans fil. Ainsi désignait-on couramment les postes de radio.

rant le pas. Tu t'en souviens ? Dans le dernier épisode, McPherson a jeté Chanteloup aux requins...

– Moi je suis sûre que Chanteloup a un couteau caché sur lui, affirma Lise... Et toi Jo ? Jo ?!

Lise et François se figèrent sur place. Leur ami n'était plus avec eux. Après une volte-face, ils découvrirent Jonas, planté devant le Palais des sports, le fameux Vélodrome d'hiver. Le nez en l'air, il fixait les grandes lettres « VEL' D'HIV' », étalées en arc de cercle au-dessus de l'entrée.

– Hé ! Jo, qu'est-ce que tu fiches ? lui lança François en revenant sur ses pas.

– Les portes sont ouvertes... dit Jonas. Peut-être qu'ils vont enfin redonner des courses cyclistes, comme avant ?

Lise, sceptique, secoua la tête :

– Non, je ne crois pas. Le Vel' d'Hiv' est fermé depuis des mois. Ils ne donnent plus de courses, là-dedans. Seulement des meetings politiques.

– Tu te rappelles, Lise, on y était venus un dimanche avec ton père et le mien. Sans François, évidemment !

– Bof, moi, le vélo... soupira ce dernier.

– Je m'en souviens, répondit la fillette. C'était chouette ! Comment s'appelait l'épreuve, déjà ?

– La « Ronde infernale des six jours »... dit Jonas. J'ai envie d'aller demander à l'intérieur si...

– Tu feras ça une autre fois ! s'impatienta François en l'entraînant par le bras. Tu as vu l'heure ? On va rater *Chanteloup* !

Jonas eut un sursaut. *Chanteloup*, à coup sûr, ça valait toutes les courses de vélo du monde ! À grandes enjambées, il prit la tête du « peloton » et bientôt, tous trois se mirent à courir, s'amusant à laisser planer derrière eux leurs sacs à provisions, comme s'il s'agissait de drapeaux pirates.

CHAPITRE 2

Les Angevin habitaient au numéro 40 de la rue Desaix, un vieil immeuble qui tournait le dos à la tour Eiffel. Juste en bas se nichait la librairie du vieux Léo Lachowski. Une petite boutique obscure et peu avenante. Au-dessus de la porte, une enseigne en laiton ternie annonçait :

Le Partage des eaux, livres d'occasion.

Sur la vitrine, une affichette bilingue donnait une autre information :

« JÜDISCHES GESCHÄFT / Entreprise juive[1] ».

Penchés sur cette vitrine, deux soldats allemands en uniforme gris se désignaient des ouvrages à l'intérieur. Les trois amis, qui s'approchaient à grandes enjambées, ralentirent l'allure dès qu'ils les virent. Leur estomac se noua rien que d'entendre l'écho de leur accent rocailleux. Mais un brusque rire secoua l'un des soldats, et tous deux s'éloignèrent d'un pas tranquille.

Arrivant sans bruit derrière eux, les enfants n'eurent pas le temps de pousser la porte de l'échoppe : celle-ci s'ouvrit à la volée. Sur le seuil apparut un vieil homme un peu voûté,

1. Ainsi l'exigeait l'ordonnance de septembre 1940, visant tous les commerces tenus par des Juifs.

cheveux blancs et longue barbe jaunie par le tabac, sa blouse de coutil grise arborant l'étoile jaune.

– Elle a eu l'air de leur plaire, ta vitrine, Léo ! s'étonna François.

Le vieux libraire afficha un sourire malicieux.

– Je viens de l'arranger ce matin, rien que pour eux... dit-il avec un léger accent russe.

Les enfants y jetèrent un œil : à droite, une photo du maréchal Pétain, à gauche, un portrait d'Hitler, au centre... couverture bien visible, une pile de livres de Victor Hugo.

– *Les Misérables* ? lut François. Et alors ?

Léo ricana dans sa barbe.

– Ah ! j'ai compris ! pouffa Lise en claquant ses mains. Pétain, Hitler... *Les Misérables* !

Le libraire et les gamins partirent d'un grand rire. Un toussotement appuyé les fit s'arrêter net :

– C'est pas un peu risqué, ça ? interrogea une voix bourrue.

C'était Paul Angevin, képi sous le bras, tenant d'une main son vélo. Les enfants fondirent sur lui pour l'embrasser.

– Ils n'ont pas compris, assura Léo en lui rendant sa poignée de main. C'est bien connu : ces gens-là n'ont pas d'humour.

Paul secoua la tête, les yeux au ciel, puis se tourna vers les enfants.

– Bon, alors, vous trois, vous montez ou vous prenez racine sur le trottoir ?

– Oh, s'il te plaît... après notre épisode de *Chanteloup* ! supplia Lise.

– Ah ! c'est vrai, j'oubliais *Chanteloup* !

Même si les Angevin aussi avaient la TSF, les enfants avaient pris l'habitude d'écouter leur feuilleton chez le libraire. Depuis qu'il le leur avait fait découvrir, c'était devenu un vrai rituel.

Paul, vaguement contrarié, se tourna vers Léo :

– Bon, mais doucement la TSF quand même, d'accord ?

– Bah ! repartit Léo. Je vous rappelle que *Chanteloup* passe sur Radio-Paris... La station préférée des Allemands !

– Et moi je vous rappelle que depuis 41, les Juifs n'ont plus le droit d'écouter la TSF. Y compris Radio-Paris !

– Pff ! souffla Léo. Comme si je l'ignorais !

Il rentra dans sa boutique, et revint aussitôt muni d'une manivelle.

– De toute façon, je ferme. C'est l'heure. On n'entendra rien.

Paul saisit les trois sacs à provisions, approuva du menton la présence du paquet de la boucherie et, avant de rentrer dans l'immeuble, ajouta :

– Vous montez dans une heure, hein ?

Les gamins acquiescèrent.

Ils pénétrèrent dans la boutique, courbés en deux. Le

rideau finit de s'abaisser derrière eux dans un grincement aigu. Traversant la librairie, ils suivirent Léo jusqu'à sa chambre, une petite pièce, basse de plafond. Un lit, un tabouret, une table de nuit et un vieux coffre ventru poussé dans un angle en composaient l'unique mobilier.

Tandis que les enfants prenaient place sur le lit, Léo alla cueillir sur une étagère une encyclopédie en plusieurs volumes, qu'il posa par terre. Une fois assis sur le tabouret, il ouvrit la boîte que masquaient les reliures factices et en sortit... un petit poste de TSF en bakélite !

Quand les Juifs avaient dû rendre leur poste, en 1941, bon nombre d'entre eux n'avaient pu s'y résigner et, à l'instar de Léo, l'avaient dissimulé. Car se tenir au courant des nouvelles du monde, c'était presque aussi important que boire ou manger !

Le libraire brancha l'antenne, alluma le poste puis tourna une molette jusqu'à la station de Radio-Paris. Comme à chaque fois, l'appareil mit un petit moment à « chauffer », puis une voix jaillit du haut-parleur. Sur un ton déclamatoire, le speaker commentait un récent discours du président Laval, le chef du gouvernement. Il y était question d'un « Ordre Nouveau en Europe » qui, selon lui, ne pourrait s'établir sans une « collaboration fraternelle avec les Allemands »...

Léo émit un grognement, puis lâcha :

– Dire que votre feuilleton passe sur cette station de collabos !

Lise fit du coude à son frère :

– Vite ! souffla-t-elle. La petite chanson anticollabos !

Une seconde, François chercha la mélodie puis se mit à siffloter *La Cucaracha*, une chanson sud-américaine. Un sourire radieux illumina le visage de Léo, qui retrouva les paroles sur-le-champ :

– Radio-Paris ment, Radio-Paris ment... Radio-Paris est allemand ! claironna-t-il.

Les enfants éclatèrent de rire et reprirent en chœur la rengaine... C'était la BBC, la radio anglaise, qui serinait ce refrain à longueur d'antenne. Histoire de rappeler aux Français que Radio-Paris était aux mains de l'occupant, et qu'elle manipulait l'information.

– Si votre père nous entendait chanter ça, pouffa Léo, il en ferait une syncope !

– Ah, chut ! s'exclama François. Ça commence !

Le générique de *Chanteloup* éclata avec la violence d'un coup de canon. Les enfants eurent l'impression qu'une odeur de poudre envahissait la pièce et que l'air du grand large leur soulevait les cheveux. C'était parti pour dix minutes de pur bonheur !

Comme l'avait prédit Lise, dans l'épisode du jour, le pirate jeté aux requins trancha ses liens à l'aide d'une lame cachée dans ses hardes. Puis, s'emparant d'un canot, il parvint à gagner la terre ferme, après deux jours de rame incessante. Seulement, à sa grande stupeur, l'île qu'il venait d'aborder s'avérait peuplée d'une tribu d'indigènes, en lutte contre une créature mystérieuse et sanguinaire...

« Comment notre héros va-t-il se tirer de ce mauvais pas ? couina la voix du speaker. Vous le saurez demain, en écoutant la suite des aventures de Monsieur de Chanteloup ! »

– Déjà ! se plaignit François. Pff ! c'est trop court !

Les deux autres approuvèrent, la tête encore pleine de bruits et de clameurs. Comme chaque jour, Léo plaça la question rituelle :

– Alors ? D'après vous, comment Chanteloup va-t-il s'en sortir ?

La réponse de Lise fusa en premier :

– Moi je suis certaine qu'il va s'allier aux indigènes pour combattre la créature.

– Mais non ! dit Jonas, son équipage va venir le récupérer *in extremis* !

– Trop simple ! se moqua François. Vous allez voir que Chanteloup va se retrouver avec le monstre et les indigènes sur le dos !

Hélas ! leurs prévisions sur la suite de *Chanteloup* furent brusquement interrompues : de la TSF leur parvint un nasillement désagréable. Le speaker de Radio-Paris s'était remis à discourir sur l'avancée de l'armée allemande dans le Caucase, avant d'exalter les dons de tacticien dont le général Rommel faisait preuve dans le désert lybien.

Léo lui coupa le sifflet en changeant de station. Il mit la BBC. Le son était mauvais, à cause des émetteurs allemands qui tentaient d'en brouiller la réception. Mais on entendait quand même. Le fameux « POM-POM-POM-POM » s'égrena dans la pièce.

– Vous entendez ? demanda Léo. C'est le début de la cinquième symphonie. Ah, Beethoven ! C'est le seul Allemand...

– ... que je tolère chez moi, termina François. Vous nous l'avez déjà dit, au moins...

– ... cinquante mille fois ! compléta Jonas dans un rire.

Léo ne put s'empêcher de sourire. Soudain, un coup d'œil à la petite pendule de la table de nuit indiqua aux enfants qu'il était six heures et demie. Bondissant du lit, ils lancèrent au vieil homme un bref « Salut, Léo ! », déposèrent chacun une bise sur sa joue parcheminée avant d'emprunter une petite porte dérobée qui les jeta dans l'escalier de l'immeuble.

Les trois enfants gagnèrent le troisième étage en quelques enjambées. François, qui entrait le premier, marcha sur un bout de papier plié. Il le ramassait quand son père apparut sur le seuil de la cuisine.

– Ça doit être pour toi, dit François qui avait déjà vu ce genre de missive glissée sous la porte.

Paul tiqua et prit le message que lui tendait son fils. François voulut jeter un coup d'œil dans la cuisine, où sa mère s'activait devant ses fourneaux, mais Paul s'y engouffra avant et tira la porte derrière lui.

– C'est sûrement Bob, chuchota-t-il.

En voyant son mari déplier le mot, le visage de Blanche devint aussi livide que la pâte qu'elle était en train de pétrir. Le message avait le mérite d'être bref : « RDV- 2M- 7PM-LUCAL[1]» Autrement dit : « Rendez-vous demain, à sept heures du soir, au jardin du Luxembourg. »

C'était bien le style télégraphique de Bob, le contact de Paul avec la Résistance. Toujours à la recherche de fonctionnaires hostiles à la collaboration, un mouvement de NAP[2] l'avait contacté en mai 1941. Sans hésiter, le policier avait offert son aide : chaque fois qu'une nouvelle rafle se préparait, il recevait des instructions et s'occupait de prévenir les Juifs pour éviter qu'on les arrête.

– Tu es sûr que c'est son écriture ? interrogea sa femme d'un ton soupçonneux. Quelqu'un aurait pu... l'imiter ?

– Comment ça ? s'étonna Paul. Oui, c'est son écriture. Enfin, je crois...

Blanche révéla le fond de sa pensée :

– Ça pourrait être un coup de Decker. Pour te coincer ?

Le policier hoqueta d'un rire nerveux :

---

1. Lucal : le jardin du Luxembourg, en argot.

2. NAP : noyautage de l'administration publique ; les mouvements de résistance recrutaient parmi les fonctionnaires des volontaires pouvant fournir des renseignements ou procurer des facilités.

– Qu'est-ce que tu vas chercher là ?!

Mais son air détaché sonnait faux. Le fait est que, ces derniers temps, son chef et lui n'étaient pas en très bons termes.

Leur « froid » datait précisément du 12 décembre 1941. Ce jour-là, avait eu lieu à Paris une vaste rafle de Juifs. Après celles de mai, puis d'août 1941, visant surtout des émigrés, il s'agissait d'arrêter des notables : financiers, avocats, ingénieurs, écrivains.

Cette fois-ci, non seulement la Gestapo supervisait l'opération, mais en plus, grande nouveauté par rapport aux autres rafles, c'étaient des policiers français qui procédaient aux arrestations.

Le 11 décembre au soir, Paul était donc allé prévenir certaines personnes, dont Bob lui avait fourni la liste. La plupart, ayant les moyens de quitter Paris, avaient accepté de fuir.

Bob se montra satisfait de leur « opération sauvetage ». Les Allemands visaient mille personnes, ils n'en eurent que sept cents.

« Trois cents de sauvées, se dit Paul. C'est mieux que rien ! »

Mais, durant les semaines suivantes, des policiers provichystes dénoncèrent les interventions bienveillantes de certains de leurs collègues. Des noms circulèrent... parmi lesquels celui de Paul Angevin. Ce dernier eut droit à un sévère interrogatoire, en présence de Decker et d'un gestapiste balafré qui n'arrêtait pas de hurler. Paul se défendit, protesta, nia, et les choses en restèrent là. Seulement, à compter de ce jour, Decker ne lui refila plus que le sale boulot, le collant à la circulation plus souvent qu'à son tour.

– Tu vas y aller ? demanda sa femme.

– Bien sûr que je vais y aller ! Écoute, je t'assure que Decker n'est qu'un petit chef sans envergure, et il n'a aucune preuve pour me coincer !

Blanche afficha une moue contrariée.

– Je... j'ai un mauvais pressentiment, ajouta-t-elle en se blottissant contre son mari. J'approuve tes actions de résistant... mais si tu te fais prendre, comment je m'en sortirai, toute seule avec les enfants ?

Paul réprima un soupir.

– Pour moi, dans cette guerre, il n'y a que deux camps, trancha-t-il en citant une formule qui venait de Bob... D'un côté, il y a les nobles, et de l'autre les ignobles. J'ai choisi mon camp, c'est tout.

Sa femme allait lui reprocher ce jeu de mots facile, quand une tête blonde apparut dans l'entrebâillement de la porte :

– Dites, il sera à quoi ce gâteau ? s'informa François. Lise est sûre que tu vas encore mettre de la chicorée, pour imiter le goût du café. Elle en est malade d'avance !

– Menteur, cria Lise dans son dos. C'est lui qui a dit ça !

Blanche ne put s'empêcher de sourire :

– Que ta sœur se rassure. Il aura le goût de chocolat.

– Mais… pas de l'ersatz[1], j'espère ? s'enquit François.

– Ah ! c'est une surprise ! répondit Blanche en cachant la plaque de vrai chocolat que les cousins de Bretagne avaient envoyée.

Avisant le message que son père tenait toujours d'une main, et le voyant piocher de l'autre une allumette dans une boîte, François demanda :

– Au fait, c'était quoi ce mot, papa ?

Pour toute réponse, Paul craqua l'allumette, qui mit le feu au message de Bob.

– Pas de mauvaises nouvelles du père de Jo, j'espère ? insista le gamin.

– Non, le rassura Paul en regardant les flammes dévorer le bout de papier. Rien à voir avec Max.

Les restes du message tombèrent au fond de l'évier, où un filet d'eau tourbillonnant les précipita vers le trou noir du siphon.

---

1. Ersatz : produit de remplacement. Exemple : chicorée ou orge grillée pour remplacer le café.

CHAPITRE 3

Le lendemain, 1er juillet 1942, était un mercredi.

Après son service, Paul fila à son rendez-vous. Comme il s'y attendait, le « Lucal » était noir de monde. Il attacha son vélo à la grille et entra. Ses pas le menèrent du côté le moins fréquenté du parc, jusqu'au banc situé près de la statue de Victor Hugo.

Bientôt, une silhouette familière déboucha en haut de l'allée et, arrivée à la hauteur du banc, s'arrêta. Bob effleura le rebord de sa casquette, puis s'assit sur le banc.

Paul laissa passer un silence avant de s'adresser à son voisin :

– Il n'y a personne à l'horizon. Je vous écoute. Qu'est-ce qui se prépare ?

– Rafle massive de Juifs étrangers, résuma Bob.

– Encore ! La dernière fois, ils ont pris sept cents hommes, ça ne leur suffit pas ?

– Th, th ! cette fois-ci ils veulent ratisser TRÈS large. Ce sont les familles entières qu'ils vont prendre.

– Q-quoi !? s'étrangla le policier. C'est pas possible !

Bob tourna vers lui un regard acéré.

– Est-ce que j'ai l'air de plaisanter ? Trente mille, c'est le chiffre qu'ils comptent obtenir.

– Mais... les Allemands n'auront jamais assez d'hommes pour une telle...

– Oh ! cette fois-ci, coupa Bob, on ne verra pas un seul Allemand. Il n'y aura que vous.

– Qui ça « nous » ?

– La police française, mon cher. Les Juifs se méfieront moins, quand on frappera à leur porte, s'ils ne voient aucun uniforme allemand. Malin, non ?

– Mais... où vont-ils installer tout ce monde ? À Drancy ?

– Je n'ai pas encore tous les détails, grogna le résistant. Pareil pour la date. Le bruit court que ce sera le 13 juillet, mais on n'est pas sûrs. De toute façon, je vous recontacte. Ça va aller ?

Paul eut un geste d'agacement.

– Bien sûr que non, ça ne va pas aller ! éclata-t-il. Trente mille arrestations ! C'est du délire ! Comment prévenir tous ces gens ?

– On est en train d'imprimer des tracts qui seront glissés sous les portes. Mais on manque de monde pour aller parler aux familles. Combien pensez-vous avoir de collègues avec vous ?

– Avec Phil et Alex... Deux, peut-être trois...

Bob poussa un soupir découragé.

– C'est maigre. On cherche à rallier à notre cause d'autres policiers comme vous. Mais ou bien ils sont pourris, ou bien ils ont peur pour leurs fesses !

– Moi aussi, figurez-vous, j'ai peur pour mes fesses, rétorqua Paul. Mais il faut bien faire quelque chose, non ?

– Mouais. Enfin, on va essayer. Allez, on se revoit bientôt. J'aurai un truc très important à vous filer avant l'opération...

Paul opina sans répondre. La nouvelle de cette rafle l'avait proprement assommé. Il essayait de se représenter trente mille personnes arrêtées, en se répétant : « C'est pas possible ! »

Soudain, il s'aperçut que Bob avait quitté le banc. Alors il se leva, puis ressortit du parc d'une démarche de somnambule. Enfourchant son vélo, il décida de faire un long détour avant de rentrer chez lui. Histoire de se changer les idées. Mais il n'y parvint pas. Il se sentait sale, impuissant. Dire qu'il allait être mêlé à ÇA !

La nuit commençait à tomber quand Paul déboucha rue Desaix. En approchant de l'immeuble, il vit Léo en train de balayer des bris de verre. Le carreau de sa porte s'étalait en miettes sur le trottoir.

– Qu'est-ce qui s'est passé, Léo ?

– Une pierre, soupira le libraire. Deux types. Je n'ai eu que le temps de les voir déguerpir, mais c'était sûrement pas des Boches. Vous aviez raison : mon allusion aux *Misérables* a dû déplaire à certains.

– Heureusement, ils ont raté la vitrine ! Bah, je vais bien vous dénicher un nouveau carreau. Mais... euh, tant que je vous tiens, Léo... je pourrais vous parler ?

– Oh, oh ! je n'aime pas le ton de votre voix... C'est grave ?

Paul hocha la tête en se mordant la lèvre inférieure.

Léo le précéda dans son antre et ferma le rideau de fer derrière eux.

Après le passage des enfants, le poste de TSF était resté au centre de la chambre. Paul s'assit sur le tabouret et, sans attendre, mit son hôte au courant de la rafle imminente. Il insista sur le fait qu'on allait arrêter les femmes, les enfants, et aussi les... personnes âgées. À sa grande surprise, Léo le gratifia d'un sourire narquois.

– Allons, fit-il, vous savez très bien qu'ils n'arrêtent que les hommes en âge de travailler. Que feraient-ils des femmes, des enfants, et surtout des vieillards comme moi ?

– Je suis sérieux, Léo ! D'abord, ils ont vidé le XIe arrondissement de ses Juifs, en n'arrêtant que les hommes. Ensuite, ils ont liquidé les notables de la ville. Maintenant, ils veulent se débarrasser de TOUS les Juifs !

Léo eut une moue dubitative :

– Écoutez, ça fait des mois que ce genre de rumeur circule. *« Ils vont arrêter tous les Juifs, il faut fiche le camp ! Etc. »* Et pour aller où ? Chez qui ? Moi je n'ai pas d'argent, pas de famille. Et puis... les Allemands ne peuvent tout de même pas chasser TOUS les Juifs de France !

Paul secoua la tête.

– Mais vous êtes aveugle ? Paris baigne dans un climat de haine... À la préfecture, ils reçoivent des centaines de lettres par jour ! Pour dénoncer un voisin qui ne porte pas son étoile, ou un autre qu'on soupçonne d'être juif !

– Enfin, Paul, soyez réaliste : les Boches, on va bien finir par les foutre à la porte ! Moi j'affirme que le peuple n'a pas dit son dernier mot !

– Ah ! c'est votre fameuse théorie sur la révolte des Parisiens !

– Mais oui ! Paris a toujours pris les armes pour repousser l'oppresseur ! Prenez les Vikings : ils ont attaqué la ville au moins une dizaine de fois. Et les Parisiens les ont quand même fichus dehors. Vous n'avez jamais entendu parler des douze braves du petit Châtelet ?

Paul fit signe que non d'un air agacé.

– Eh bien, moi qui ne suis qu'un étranger, un émigré russe, je les connaissais ! Révisez votre histoire de France, mon vieux !

– Et vous, sortez un peu la tête de vos livres, Léo. Ça, c'est le conseil d'un Français qui a les pieds sur terre...

Léo riposta du tac au tac :

– Vous savez ce que de Gaulle répète sans arrêt, à la TSF ? Un autre Français qui a les pieds sur terre, pas vrai ?... « La France a des alliés puissants ! » C'est bien pour organiser la Résistance qu'il est parti en Angleterre, non ? Moi je crois en lui. Vous verrez qu'on va s'en sortir. L'Occupation ne peut pas durer éternellement !

Cette fois-ci, Paul n'y tint plus :

– Et la haine contre les Juifs, qu'est-ce que vous en faites ? s'étrangla-t-il. Vous croyez qu'elle va disparaître du jour au lendemain, comme la grippe ?

– Eh ! et pourquoi pas ? sourit Léo. Après tout, l'antisémitisme, ce n'est peut-être qu'une sorte de virus contagieux ? Tout le monde l'attrape en ce moment. Mais on finira par trouver un vaccin...

Paul soupira :

– Après tout, pensez ce que vous voulez ! Mais promettez-moi de préparer une valise avec quelques affaires. Si ça tourne mal, je vous trouverai un endroit sûr où vous cacher. C'est compris ?

En guise de réponse, Léo grommela dans sa barbe :

– Vous savez, nous autres Juifs, on a survécu à plus de quatre mille ans de persécutions. Alors on survivra bien à celles d'aujourd'hui !

Agacé par l'inconscience du vieil homme, Paul tourna les talons et quitta la pièce en maugréant.

Une fois seul, le libraire émit un long soupir de lassitude, puis alla s'étendre sur son lit. Sa petite pendule indiquait dix heures moins le quart. Cherchant de quoi fumer, il ne trouva qu'un paquet vide. Après un geste de dépit, il se pencha et alluma tout bas la TSF.

La BBC diffusait un bulletin d'information. Léo reconnut la voix du chroniqueur Jean Marin. En dépit du ton emphatique que prenait par moments le speaker, Léo aimait son timbre grave et mélodieux. « Idéal pour la lecture d'un conte de fées », pensa-t-il.

Sauf que le bulletin de ce soir-là n'avait rien d'un conte de fées :

– Sept cent mille Juifs ont été massacrés en Pologne depuis le début de l'occupation allemande, affirmait Jean Marin. Ainsi... crrr... sept cent mille hommes crrr... crrrr...

Comme d'habitude, la réception était mauvaise. Encore ces maudits brouillages ! Léo tendit l'oreille :

– crrr... les Allemands utilisent des chambres à gaz qu'on appelle... crrr... les chambres de Hitler, montées sur roues. Les condamnés d'un village... crrr... sont séparés par groupes de quatre-vingts à quatre-vingt-dix et chaque groupe... crrr... est enfourné dans la chambre roulante.

Toujours allongé, les yeux écarquillés, Léo se demandait s'il entendait bien ce qu'il entendait.

– Songez, poursuivit Jean Marin, que les fonctionnaires nazis organisent le détail de cette tuerie...

Ici, la transmission fut coupée. Elle reprit quelques secondes plus tard :

– ... et, le soir venu... crrr... rédigent un rapport et vont se coucher. Voilà une image de l'Ordre Nouveau qu'on voudrait imposer à l'Europe.

La voix se tut. Un long silence parcouru de parasites lui succéda. Surgit alors un morceau de musique : une sonate de Mozart. Très gaie. Comme elle paraissait déplacée, après ces nouvelles ! Pourtant, Léo ne coupa pas le poste. Il écouta la sonate jusqu'au bout. Sans bouger d'un pouce, fixant le plafond d'un air absent.

Si quelqu'un l'avait vu à cet instant, il aurait juré que le vieil homme ne respirait plus.

CHAPITRE 4

– Vous allez bien, Léo ? demanda Lise.

– Aussi bien qu'un vieillard de soixante-douze ans, grommela le libraire.

Appuyé au chambranle de sa porte, Léo se demandait : « Est-ce que j'ai dormi, au moins ? »

– On va faire des courses, le prévint Lise. Vous voulez quelque chose ?

– Oui, tiens, prenez-moi un peu de tabac, dit-il en farfouillant dans sa poche.

Il se sépara de quelques piécettes et d'un ticket d'alimentation :

– Une fois que j'aurai fumé ce tabac et fait réparer ma vitrine, soupira-t-il, il ne me restera plus rien pour manger. Bof, après tout...

Il eut un geste désabusé. Ce qu'il avait entendu la veille à la radio avait brisé son habituel optimisme.

– Ne vous bilez pas pour le carreau, dit François. Papa va vous en trouver un.

Perdu dans ses pensées, Léo se contenta de hocher la tête.

Une fois dans la rue, les gamins filèrent rue de Lourmel, le quartier où ils faisaient leurs courses. Comme ils pouvaient s'y attendre, de chaque côté de la rue, d'interminables queues serpentaient devant les boutiques...

Au moment de se répartir les tâches, François essaya d'échanger son boucher « étrangleur » contre la boulangère de Lise. Sans succès. Jonas, lui, fila au bureau de tabac. Par chance, il n'avait que deux clients devant lui. Il donna le coupon adéquat, paya et ressortit avec son paquet bleu de Caporal.

C'est alors qu'une main le saisit par le bras.

– Pardon, petit... juste un mot.

Pivotant d'un bloc, Jonas découvrit un petit homme au visage avenant, la quarantaine, qui malgré la canicule, portait un pardessus beige.

– Juste un renseignement... poursuivit ce dernier avec un grand sourire.

Jonas lui coula un regard en biais, pas très rassuré.

– C'est bien toi, Jonas, n'est-ce pas ? questionna l'inconnu. Le petit qui vit chez les Angevin ?

Jonas en eut le souffle coupé. Il dut faire un effort pour se rappeler le nom qui figurait sur ses faux papiers.

– Euh ! non, vous vous trompez, dit-il. Mon nom est Joseph Dinan.

L'inconnu ne releva pas, et reprit :

– Je sais où est ton père. C'est moche ce qui lui est arrivé, pas vrai ?

« Ne... ne réponds pas ! s'exhorta Jonas. Tu ne connais pas ce type. Il essaye peut-être de te piéger ! »

– Tu ne veux pas savoir ce qu'il est devenu ?

Jonas se sentait bouillir de colère.

– Mon oncle Paul est policier ! s'écria-t-il. Alors laissez-moi, ou vous aurez affaire à lui...

L'inconnu eut une sorte de ricanement.

– Ton oncle, hein ? Tu es sûr ?

Brusquement, le gamin fit volte-face et s'éloigna en courant. Avant de tourner le coin de la rue, il jeta un œil en arrière : l'inconnu le regardait s'éloigner, un sourire aux lèvres.

« Mais qui est ce type ? se demanda Jonas en reprenant sa course. Il a dit : "*Je sais où est ton père... Tu ne veux pas savoir ce qu'il est devenu ?*" Est-ce que je dois en parler aux autres ? Ou à Paul ? »

Jonas rejoignit la rue Desaix sans s'arrêter de courir. Il entra en trombe chez Léo, lança le paquet de tabac dans un coin et descendit s'enfermer dans sa cave. Léo ferma le livre qu'il essayait en vain de lire, mais resta assis, décidé à ne pas rejoindre le petit. Il avait l'habitude de ses brusques irruptions. Jonas avait besoin d'être seul, voilà tout. Et pour ça, la cave du *Partage des eaux* était l'endroit rêvé. Bien plus vaste que la librairie, elle abritait facilement une dizaine de personnes. C'était là que descendaient les locataires de l'immeuble en cas d'alerte. Jonas, lui, s'y enfermait pour réfléchir ou jouer du violon. Le violon de son père.

Parfois, Jonas avait la sensation d'étouffer. Ici, jamais. Cette cave, c'était sa cabane dans les arbres, son refuge hors du monde.

Léo eut une brève grimace quand le gamin tira de son instrument une première poignée de notes, crissant dans l'aigu. Au début, ça ressemblait assez à des cris plaintifs. Puis une mélodie s'égrena, que la profondeur du sous-sol prolongeait en échos sourds. La musique lui parvenant par vagues harmonieuses, Léo posa le livre sur ses genoux, ferma les yeux et se laissa doucement bercer. Quand Lise et François apparurent, à l'heure de *Chanteloup*, leur ami était encore en train de jouer.

– Alors il était là ? s'exclama François. On l'a cherché partout !

– Je t'avais dit qu'il était rentré, dit Lise. Il a envie d'être seul, c'est tout.

– Et toujours le même air, se plaignit son frère. Quelle scie !

– Moi je ne trouve pas, fit la voix de Paul.

Revenant de son service, le policier venait d'apparaître à la porte. Il portait un sac qu'il posa contre le mur en entrant. Il embrassa ses enfants, puis se concentra sur la musique.

– Son père adorait cet air, dit-il au bout d'un petit moment. C'est le concerto pour violon de Beethoven.

À ces mots, Léo rouvrit les yeux, comme s'il se réveillait en sursaut.

– Le seul Allemand que je tolère... commença-t-il. Puis, jetant un œil à François : Oui, je sais... je radote !

Paul s'assit sur une chaise et se mit à s'éventer avec son képi.

– La première fois que j'ai entendu jouer ce concerto,

c'était ici, à Paris, en 1935, confia le policier. Le père de Jonas m'avait traîné à un concert. De force, je dois avouer. Moi, la musique... Mais ce morceau m'a bouleversé. Et depuis, je l'adore. Grâce à Max.

Léo leur fit part de sa pensée :

– Jonas joue cet air en se disant que peut-être son père l'entend. Où qu'il soit.

– Qui sait... répondit Paul.

Puis il enchaîna :

– Au fait, Léo ! Je vous ai trouvé un carreau de rechange !

De son sac posé par terre, il sortit un petit paquet enveloppé dans des chiffons. Devant la mine ébahie de Léo, François lui adressa un signe qui voulait dire : « Hein ? Qu'est-ce que je vous disais ? »

– Je vous arrangerai ça dimanche, promit Paul.

– À quoi bon ? soupira Léo. Si je dois être « raflé » bientôt, comme vous l'avez annoncé.

Lise et son frère se regardèrent atterrés.

– Je... mais non, bafouilla Paul. On va vous cacher ! Et puis, il faut réparer votre porte, pour plus tard...

– Et cette rafle ? insista Léo. Vous avez des nouvelles de cette rafle ? C'est pour quand ?

« Il me croit, maintenant ! s'étonna Paul. Qu'est-ce qui a bien pu le faire changer d'idée ? »

– On ne m'a pas encore donné de date, répondit-il, mais je suis sûr que c'est pour très bientôt.

– Et quand est-ce qu'ON vous donnera une date ?

La mine de Paul s'assombrit soudain. Il fit signe qu'il l'ignorait. Dans la cave, le violon de Jonas venait juste de s'arrêter de jouer, plongeant l'assemblée dans un profond silence.

Les jours suivants, Paul attendit en vain des nouvelles de Bob.

Le 10 juillet, il commença à s'inquiéter. Arriva le 11, et toujours aucun signe de son contact. Le 12 juillet, Paul passa la pire journée de sa vie. Une angoisse lancinante ne le lâcha pas d'une seconde. Et si la rafle avait lieu le lendemain, comme l'avait avancé le résistant ? Veillant près de la porte, dans l'espoir qu'on glisse un papier dessous, il ne dormit pas de la nuit. Aucun message ne lui parvint.

Au matin, il partit à son travail la peur au ventre. Mais, à son immense soulagement, rien ne se passa le 13 juillet.

Enfin, le lendemain, Bob se manifesta.

Pour profiter de sa prime du 14 juillet, Paul emmena sa petite famille en promenade. L'après-midi, au cinéma, on donnait *Croisières sidérales*[1], un film dont l'action se passait sur d'autres planètes. Avec des vaisseaux spatiaux, des créatures étonnantes... « Du jamais vu ! » clamaient les affiches.

La matinée fut consacrée à une balade au Jardin des

---

1. Le premier film de science-fiction français. Hélas, pas un chef-d'œuvre.

Plantes. Après une visite du museum d'Histoire naturelle, les enfants avisèrent une baraque de fête foraine, installée juste à la sortie du jardin. Les parents s'y laissèrent mollement traîner. C'est au moment où Paul espérait gagner une petite figurine de pirate à une roue de loterie qu'il reconnut le visage de Bob, dans un miroir fêlé du fond de l'échoppe. Paul lui fit un petit signe, puis annonça à Blanche la « bonne nouvelle ». Sa femme, qui avait aussi repéré Bob, lui jeta un regard noir.

– Je dois lui parler, dit le policier. C'est au sujet de... Il jeta un œil discret autour d'eux, puis murmura : ...de la rafle dont je t'ai parlé.

Moue furibonde de Blanche.

– Et moi je t'ai dit ce que j'en pensais ! Tu vas encore y passer toute la nuit, et je vais me faire un sang d'encre en t'attendant...

Elle désigna Lise et François, qui faisaient la queue devant la boutique du vendeur de boissons.

– Et le cinéma ? Ils vont être déçus si tu ne viens pas !

– Tu leur expliqueras que je... heu... bafouilla Paul.

Devant sa gêne, sa femme eut un petit sourire indulgent :

– Allez, va. Je trouverai bien.

Paul, confus, l'embrassa très vite sur le front puis rejoignit Bob d'un pas rapide. Marchant un temps sans mot dire, ils bifurquèrent dans une allée peu fréquentée.

Paul attaqua aussitôt :

– Bon sang, vous réalisez dans quel état je me trouve ? Vous me dites que la rafle est peut-être pour le 13, et vous me plantez là !

– Eh, m'engueulez pas ! se défendit Bob. Vous croyez que c'est facile pour nous d'obtenir ce genre de renseignement ?

– Je sais, je sais. Mais quand même ! râla encore Paul. Bon. Alors ? Qu'est-ce qu'ils ont décidé ?

Bob laissa passer un promeneur solitaire et reprit :

– Ça sera le jeudi 16 juillet. En fait, ils comptaient commencer leur sale besogne hier et finir aujourd'hui. Mais arrêter des milliers de personnes, en pleine fête nationale... ça aurait fait désordre. Tandis que là, ces salauds seront tranquilles. En plus, les enfants sont en vacances. Pratique, non ?

– Alors ils vont prendre les enfants aussi... fit Paul d'une voix blanche.

Bob lui résuma le déroulement de l'opération :

– Les familles avec enfants seront parquées au Vel' d'Hiv'. Les autres iront à Drancy, où des convois les attendent. Direction : l'Allemagne ou la Pologne.

– J'ai lu des articles dans plusieurs journaux clandestins sur ce qui se passe là-bas, à l'est, gronda Paul, dans les camps de concentration : on fusille, on pend des Juifs, par centaines...

Bob haussa les épaules, l'air de dire : « Ça, mon vieux, tu ne m'apprends rien ! »

– Et la Résistance, qu'est-ce qu'elle compte faire ? s'emporta Paul. Les trains qui vont partir, on peut les faire dérailler, non ?

– Vous croyez que c'est moi qui donne les ordres ?

– Bien sûr que non ! Mais pourquoi personne ne les donne, ces ordres ?

Le résistant eut un geste d'impuissance.

– J'ch'ais pas, soupira-t-il.

– Vous n'avez pas les moyens d'avertir l'opinion ?

– Je vous rappelle que la presse est aux mains de l'occupant ! Quant à la presse clandestine, ne comptons pas dessus, les délais d'impression sont trop longs. Il nous reste quoi ? Les tracts ? On s'en occupe. Mais rien ne dit qu'on sera entendus !

– Et pendant ce temps des gens sont massacrés ! Des milliers d'autres vont quitter la France et subir le même...

– Écoutez, s'énerva Bob, ce qui va se produire jeudi, à Paris, ça nous dépasse tous, O.K. ? Tout ce qu'on peut faire, c'est prévenir un maximum de personnes. Maintenant, si vous avez un plan pour éliminer les nazis à vous tout seul, allez-y !

Paul eut un geste de dépit.

– Bon, tenez. Ce truc-là, c'est de l'or, prévint Bob en lui tendant un petit papier plié. Ça vient de leur fameux « Fichier », sur lequel sont recensés les Juifs parisiens.

– J'ai déjà eu ce genre de liste, déclara Paul en dépliant

le papier.

– Oui, mais celle-ci est plus complète. Elle concerne la partie nord du XVe arrondissement. Ne vous en faites pas, c'est loin du quartier Javel, où se trouve votre commissariat...

Sans un mot, Paul parcourut la liste de noms et d'adresses écrits en tout petit. Comme s'il lisait ses pensées, Bob ajouta :

– Ça ne sera pas facile, je sais. Prévenez-en le plus possible. On compte vraiment sur vous...

Paul demeura silencieux.

– Je vous recontacte juste après.

Les deux hommes échangèrent une solide poignée de main. Puis ils partirent dans des directions opposées.

Broyant dans son poing la liste de Bob, Paul avançait d'une démarche d'automate, en se répétant : « Dans deux jours, dans deux jours... »

Comme s'il ne lui restait plus que ces deux jours à vivre.

CHAPITRE 5

Au retour du cinéma, les enfants avaient filé dans leur chambre. Lise et François se livraient à un violent échange de critiques à propos du film, lorsque Jonas annonça tout à trac qu'il descendait chez Léo.

– Euh, je vais jouer un peu de violon, lança-t-il.

François dissimula avec peine son agacement.

– Encore ? Je me demande si tu ne préfères pas ton violon à tes amis, grinça-t-il.

– Je... j'ai envie de jouer... s'excusa gauchement Jonas.

– Mais tu restes des heures enfermé en bas ! lui reprocha François.

– François ! intima Lise. Laisse-le, voyons ! On se verra tout à l'heure pour écouter *Chanteloup*, hein Jo ?

Hochant la tête sans un mot, Jonas quitta la chambre et sortit de l'appartement. Mais une fois dans la cave, il laissa le violon dans son étui. En fait, il n'avait aucune envie de jouer. Seulement de réfléchir. Ces derniers jours, il ne cessait de penser à sa rencontre avec l'étrange bonhomme. Plusieurs fois, il avait failli en parler à Paul, mais au dernier moment il s'était retenu. L'inconnu lui avait affirmé : « Je sais où est ton père. » Jonas regrettait de ne pas lui avoir demandé où. Il avait peut-être raté une occasion de le retrouver. Oui, mais justement, c'était peut-être ça que l'autre attendait : que Jonas se confie. Si jamais il retombait sur l'inconnu, que devait-il faire ? Il en était là de ses réflexions quand il perçut la voix de Paul dans la librairie.

– Si vous êtes prêt, je vous emmène ce soir, disait le policier.

L'enfant grimpa l'escalier de la cave à pas de loup et vint coller son oreille contre la porte.

– Comment ça ? Vous voulez dire, maintenant ? s'exclama Léo. Alors c'est du sérieux, hein ?

Un silence.

– J'ai des amis sûrs qui ont une chambre de bonne. En banlieue. Vous y serez tranquille. Le temps que ça se tasse.

– Parce que ça va se tasser ? railla Léo. Cette fois, on dirait que c'est vous qui jouez les optimistes. Je peux vous poser une question ?

– Allez-y.

– Les gens qu'ils vont... rafler, ils vont en faire quoi ?

– Les uns seront d'abord parqués au Vel' d'Hiv'. C'est l'endroit le plus vaste qu'ils aient trouvé. Les autres iront à Drancy.

– Oui, mais après Drancy, que vont-ils faire d'eux ?

Paul fit un effort pour répondre :

– Les mettre dans des trains et les envoyer vers l'est. L'Allemagne ou la Pologne.

– Et après ? insista Léo d'une voix sourde. Ces rumeurs qui circulent, vous y croyez, vous ? Une fois là-bas, Paul... qu'est-ce qu'ils font d'eux ?

Silence. Interminable silence.

– Je suis prêt dans dix minutes, finit par dire le vieil homme.

Paul eut un soupir de soulagement.

– Je repasse vous prendre, lui dit-il simplement…

Jonas entendit la porte se refermer et les pas du policier qui montait l'escalier. Il sortit de la cave et fonça vers la chambre du libraire, qu'il trouva agenouillé devant son coffre en bois. Par terre, près de lui, une valise ouverte contenait déjà quelques affaires. Leurs regards se croisèrent, puis Léo se releva avec peine, s'aidant du rebord du coffre.

Sans un mot, Jonas courut se blottir dans ses bras. Le serrant contre lui, Léo se mit à le bercer doucement.

– Alors tu t'en vas ? dit le petit rouquin, les yeux levés vers le visage du vieil homme.

– Pour quelque temps. Mais on se reverra.

Jonas ne répondit rien.

– On doit tout faire pour revoir ceux qui comptent pour nous. Tu ne crois pas, Jonas ?

– Si. Moi je ferai tout pour ça…

Léo sourit.

– Bien. Il ne manquerait plus qu'une bande de détraqués nous empêche de nous revoir !

– Qu'est-ce qu'ils nous reprochent, tous ces gens ? demanda Jonas. Qu'est-ce qu'on leur a fait ?

Léo haussa les épaules.

– Toi, tu n'es coupable de rien, voyons. Les minables, ce sont eux : les nazis et tous les collabos. Tu sais, dans la vie, la plupart d'entre eux sont des ratés. Hitler, c'est leur revanche : ils insultent, ils dénoncent, ils tuent les Juifs pour qu'on les remarque, qu'on les récompense. Je ne sais plus qui a dit : « Méfiez-vous des ratés, ils ne vous rateront pas. » Il avait raison.

– Des ratés ? répéta Jonas, pas très convaincu.

– Bah, oublie ça ! Tiens, c'est moi qui allais oublier...

Léo fouilla sa poche et en tira une ficelle au bout de laquelle pendait une clé.

– C'est quoi ?

– Hé, hé ! Une clé magique ! Si tu la serres très fort et que tu fais un vœu, il se réalise !

– Mon œil ! s'exclama Jonas.

– Plus sérieusement, expliqua Léo, c'est la clé de la librairie, côté escalier. C'est pas mal non plus. Vous pourrez venir écouter votre feuilleton, tranquilles. Mais attention, hein, pas de bruit !

Jonas prit le cordon, puis se le passa autour du cou. Incapable de prononcer un mot, il se laissa juste embrasser sur le front.

– Allez, sauve-toi ! lui dit Léo en ouvrant la porte qui donnait dans l'immeuble.

Jonas s'élança dans l'escalier sans se retourner. Au

second, il croisa Paul qui descendait chercher Léo. Lise et François, qui voulaient dire au revoir au libraire, l'escortaient.

Quand Jonas les frôla comme une flèche, Paul eut le temps de voir qu'il pleurait.

CHAPITRE 6

Les phares de la voiture préfectorale éblouirent Paul un court instant. Le policier se rencogna dans l'ombre de la ruelle. Le véhicule passa près de sa cachette sans que ses occupants le remarquent... Sur le toit du véhicule, un haut-parleur débitait sa rengaine :

– Rentrez chez vous ! Fermez vos fenêtres ! Éteignez vos lumières !

Il était pile dix heures du soir, le couvre-feu venait d'entrer en vigueur. Si jamais on le surprenait en train d'errer dans les rues, policier ou pas, Paul devrait fournir d'excellentes raisons ! Il laissa la voiture hurlante tourner le coin de la rue, puis se remit en route, en rasant les murs.

En ce moment, il remontait la rue Duroc, dans le XVe arrondissement. Voilà plus de trois heures qu'il avait entamé sa « tournée ». Un coup d'œil à sa liste lui indiqua qu'il lui restait encore une vingtaine de personnes à prévenir. Poussant la porte d'un nouvel immeuble, il grimpa l'escalier, taraudé par l'angoisse. Jusqu'ici, le bilan de son action n'était pas très positif. Il avait un mal fou à convaincre les familles de fuir. En dépit des rumeurs qui couraient depuis plusieurs jours, ou des tracts distribués par la Résistance, les gens doutaient. Une telle rafle, c'était trop gros, inconcevable !

La femme chez qui Paul venait de sonner, une veuve de guerre, s'insurgea :

– Mais enfin, mon mari s'est battu en 14 et il est mort pour la France. Ils ne peuvent pas m'arrêter !

Paul secoua la tête :

– Croyez-moi, ils le feront ! Vous devez partir.

– Partir ? Mais avec quel argent ? Et puis je ne sais pas où aller...

« C'est le même discours que m'a tenu Léo », pensa Paul.

– Et dans l'immeuble, personne ne peut vous cacher ? demanda-t-il.

Cette éventualité fut balayée d'un geste :

– Non, voyons ! Qui oserait prendre le risque de cacher une Juive ?

– Au moins, quand ils frapperont, je vous en prie, n'ouvrez pas votre porte. Peut-être qu'ils n'insisteront pas...

Elle promit de le faire. Paul la quitta bouleversé, priant pour qu'elle s'en sorte malgré tout.

Un peu plus tard, un couple, dont les enfants dormaient, écouta Paul en hochant la tête, convaincu de sa sincérité. « Ceux-là vont partir », se dit Paul, soulagé. C'est alors que la femme regarda son mari :

– Tu as entendu ce qu'il dit ? Tu dois te cacher !

– Non, rectifia Paul. Vous devez tous vous cacher ! Et emmener vos enfants. Ils arrêtent tout le monde !

Le couple le considéra avec des yeux ronds :

– Tous ? Allons, vous n'êtes pas sérieux ! Que feraient-ils des femmes et des enfants ?!

– Je vous assure qu'ils vont rafler tous les Juifs, sans exception, martela Paul. Vous devez fuir. Fuyez Paris, si vous pouvez !

Silence abasourdi. Échange de regards. Cette fois-ci, Paul eut le sentiment qu'on le prenait pour un fou ! Avant de s'en aller, il leur recommanda de ne pas ouvrir leur porte quand on frapperait...

Vers trois heures, Paul parvint au dernier nom de sa liste : un vieux médecin veuf. Celui-ci accepta de déguerpir sans rechigner. Paul l'aurait presque embrassé.

Comme il ressortait de son immeuble, le cœur plus léger, il tomba nez à nez avec son chef vêtu de son éternel pardessus beige.

– Tiens ! Mais, ah ça ! s'exclama Decker, sur un ton de fausse surprise. Qu'est-ce que tu fais là, toi ?

Paul rata un battement de cœur. Et Decker ? Qu'est-ce qu'il fichait là ?

Il était escorté par un solide gaillard frôlant les deux mètres. Chemise bleue et brassard aux armes du « PPF »... « Un doriotiste », fulmina Paul en son for intérieur.

– Ce que je fais là ? répéta-t-il, inventant une histoire à toute vitesse. Je... je sors de chez mon médecin !

– Tiens donc ! À une heure pareille ? Rien de grave, j'espère ?

– Toujours mes insomnies, enchaîna Paul. Impossible de fermer l'œil. C'est de pire en pire. Quoi ? Vous n'étiez pas au courant ?

Decker eut un petit sourire en coin :

– Non. En tout cas, pas des insomnies.

Lorgnant la plaque du médecin près de la porte d'entrée, il ajouta :

– Dis-moi, ça doit être un bon ami à toi, le docteur Lévy, pour te recevoir, comme ça, en pleine nuit...

– Oui, en effet, répondit Paul en tentant de cacher son trouble.

« Il a dû me voir entrer dans l'immeuble, se dit-il. Et ça a ravivé ses soupçons... Blanche avait raison : il cherche vraiment à me coincer ! »

– Mais vous ? reprit Paul. Si je m'attendais à vous trouver ici, avec...

Du pouce, il désignait le doriotiste.

– Henri ? Un de mes bons amis, souligna Decker. On se rendait au commissariat. Tu nous suis ? Tu n'as pas oublié que l'opération débute dans deux heures ?

– Co-comment je l'oublierais ? bafouilla Paul.

– Eh bien, il est trois heures et quart, fit Decker en consultant sa montre. La première équipe va partir. Puisque tu es debout, tu pars avec.

– Non, attendez... je suis en civil, objecta Paul. Je dois passer chez moi, prendre mon unif...

– Pas la peine, coupa son chef. Tu as au moins ta carte de police ?

Paul tâta sa poche de veste et acquiesça.

– Alors c'est bon. Ne perdons pas de temps. Le bercail est à deux pas.

Le bercail, selon Decker, c'était le commissariat du XVe, dans le quartier de Javel. Paul suivit les deux hommes, la mort dans l'âme.

« Je suis sûr qu'il sait ce que j'ai fait cette nuit, conclut-il. Et il n'en dit pas un mot. À quoi il joue ? »

Le comportement de son chef mettait Paul à bout de nerfs.

« C'est peut-être ça qu'il cherche, justement... frémit-il. Me pousser à bout ? »

Une minute plus tard, les trois hommes atteignaient le commissariat. La réunion d'instruction avait lieu dans la cour, face au bâtiment principal. Rassemblés là, Paul dénombra des agents en uniforme, ainsi que des inspecteurs en civil.

« Police judiciaire, Renseignements généraux, énuméra Paul mentalement, en reconnaissant deux, trois visages... Ils sont tous venus. Cette fois-ci, ils ont vraiment mis le paquet ! »

À l'apparition de Decker, un inspecteur sortit des rangs, une feuille à la main. Puis, tout en jetant de brefs coups d'œil à sa note, il débita d'un ton martial :

– Messieurs les agents capteurs, je vous rappelle les

consignes. Une fois arrivés aux adresses indiquées, vérifiez vos listes. Assurez-vous auprès de la concierge que les individus recherchés sont bien présents à leur domicile. S'ils refusent d'ouvrir, défoncez la porte. Ensuite, vérifiez l'identité des personnes présentes. Dites-leur de prendre quelques affaires et de la nourriture pour deux jours, pas plus. Après, vous les emmenez... Mais pas de discussions, hein ! S'ils pleurnichent, prétendent qu'ils sont malades ou je ne sais quoi, vous ne les écoutez pas. Soyez fermes. Ne vous laissez pas apitoyer !

– Et... et les vrais malades ? glissa timidement une jeune recrue.

– Eh ben, les vrais malades, ils partent aussi. Vous embarquez toute la famille, c'est compris ? S'ils veulent confier les enfants aux voisins, vous refusez ! Quant aux animaux, vous les laissez à la concierge. Avec les clefs de l'appartement. Enfin, vous conduisez tout ce beau monde dans les centres primaires. On vous a dit ce que c'était ? Gymnases, écoles, commissariats, bref, l'endroit le plus proche du lieu des arrestations. Vous avez la liste des personnes à arrêter. Voilà. Des questions ?

Un silence écrasant. Pas de questions.

– Bon. Vous ne serez pas tout seuls, vous opérerez par équipes de deux ou trois. En prime, des volontaires du PPF sont venus nous épauler. Des gars costauds. Au cas où ça tournerait mal, n'hésitez pas à vous servir de votre arme.

– Euh, j'ai une question, intervint Paul, une main levée.

L'inspecteur afficha une moue agacée, puis lui fit signe de parler.

– Si des gens s'échappent, on leur tire dessus, c'est bien ça que vous nous dites ?

– Quand un individu recherché prend la fuite, répliqua l'autre, tu fais tout pour l'arrêter, non ? Là, c'est pareil. Ça te pose un problème ?

Ce fut Decker qui répondit à la place de Paul :

– Voyons, messieurs, pas de querelles. De la cohésion ! Je veux que l'on cite notre commissariat en exemple !

« Tu parles d'un exemple ! » maugréa Paul en lui-même.

– N'oubliez pas de remplir une fiche d'arrestation, ajouta Decker. Nom, adresse, présence ou absence des individus. Les bons samaritains qui voudraient aider des Juifs à foutre le camp et qui me rapporteraient un peu trop de fiches d'absence auront affaire à moi.

Et il appuya sa remarque en jetant à Paul un regard explicite.

– À présent, en avant ! claironna Decker, comme s'il lançait ses hommes au combat.

Tandis que le doriotiste serrait Paul de près, à la manière d'un garde escortant son prisonnier, Decker posa une main sur l'épaule de Paul :

– Tu n'as rien contre le fait qu'Henri t'accompagne, j'espère ?

– Pas de problème, encaissa Paul.

« Tu parles, ce salaud veut que son cerbère me surveille, songea-t-il. Il sait qu'à la moindre incartade, l'autre fera son rapport. Alors c'est ça le plan de Decker ? Me torturer en me forçant à arrêter des Juifs ? »

Paul et son doriotiste suivirent le flot des policiers glissant vers la sortie du commissariat. Une fois dans la rue, Paul prit une grande goulée d'air en pensant : « Bon sang, la journée va être longue ! »

CHAPITRE 7

D'abord, la sensation d'étouffer. De tous côtés : les ténèbres. Et un froid glacial qui ronge les os. Puis les poumons se remplissent d'air : enfin, on peut respirer...

Jonas scrute les environs : la nuit et le froid l'entourent. Il flotte à la surface d'une eau noirâtre. Autour de lui, surnagent des bris d'épaves, planches en bois, tonneaux, cordages. Une faible lueur les éclaire, provenant de brasiers épars que l'eau avale un à un. La première chose qu'entend Jonas, ce sont des cris. Des voix perdues dans la nuit, qui appellent au secours.

« Un naufrage ? se dit-il, sentant son pouls lui battre les tempes. Est-ce que j'ai réchappé à un naufrage ? »

– Jonas ! Par ici, mon garçon...

Cette voix !

Jonas se retourne. À vingt mètres à peine, son père, accroché à un morceau d'épave, lui fait signe du bras.

– Papa !

C'est bien son père. Son visage glabre. Ses cheveux roux, comme les siens. Mais pourquoi porte-t-il ce bandeau sur l'œil ? Son père n'est pas borgne ! « C'est Chanteloup qui est borgne », se dit Jonas sans y comprendre grand-chose.

– Nage vers moi, Jonas ! lui crie le borgne.

On dirait bien Chanteloup, et pourtant il a la voix de son père...

– Viens t'accrocher à ma bouée, mon grand ! Y a de la place pour deux !

Sans plus attendre, Jonas se met à nager à grandes brasses.

– Encore un effort ! l'encourage la voix de son père qui lui tend la main.

Il se force à nager plus vite. Dans un instant, il va rejoindre son père, toucher sa main...

BOM ! BOM ! BOM !

Des coups sourds résonnent au loin. Et une voix appelle :

– Jonas !

Cette fois-ci, ce n'est plus la voix de son père. On dirait celle de François.

BOM ! BOM ! BOM !

– Jo ! Tu entends ces coups ?

Jonas s'arrête de nager. La silhouette de son père continue d'agiter la main, mais elle a dérivé, s'est éloignée de lui.

– On frappe à une porte dans l'immeuble !

« Cette fois-ci, on dirait que c'est Lise qui parle ! » s'étonne Jonas.

Quelqu'un le secoue par l'épaule.

Jonas s'efforce de comprendre ce qui se passe...

Soudain, il ouvrit les yeux... et se réveilla. C'était un rêve ! Il était dans le lit de François, allongé sur les draps, en nage.

Il faisait une chaleur écrasante, et des lambeaux de son rêve semblaient flotter dans la pièce, comme de pâles lueurs d'incendie.

BOM ! BOM !

Encore les coups, puis :

– Ouvrez ! Police ! clama une voix.

– C'est chez Léo qu'ils frappent, réalisa François.

– Frappez toujours ! se moqua sa sœur. Il est loin.

BLAM ! Le bruit d'une porte qu'on enfonce.

– T'entends ça ? Ils sont entrés de force ! frémit François en sautant de son lit.

Lise l'imita et tous deux quittèrent la chambre. Jonas, lui, posait juste ses pieds hors du lit, encore englué dans son rêve. Dressant l'oreille, il perçut des pas. Sans doute ceux des policiers qui inspectaient la librairie. Il lui sembla qu'ils montaient l'escalier, lentement. Bientôt, ils allaient s'arrêter devant la porte et les coups reprendraient : BOM ! BOM ! BOM ! tandis que la voix de l'inconnu rencontré l'autre jour prononcerait :

– Jonas ! Par ici, mon garçon... Je suis venu te chercher...

D'un bond, Jonas jaillit de son lit, ôta son pyjama et enfila ses vêtements.

Dans le salon, Lise et François avaient retrouvé leur mère, en chemise de nuit, accoudée à la fenêtre. Un peu d'air s'insinuait dans la pièce, mais de l'air chaud. Pas de quoi se sentir mieux. Il faisait presque jour. Sur une commode, une pendulette indiquait six heures.

– Maman... murmura Lise.

Blanche tourna vers elle un visage aux traits crispés par l'angoisse. Elle n'avait pas fermé l'œil de la nuit, guettant le retour de son mari. Normalement, il aurait dû passer prendre son uniforme.

– Qu'est-ce que vous faites debout ? gronda-t-elle. Allez vous recoucher !

– Ils ont commencé ? demanda la fillette. Les arrestations...

– Et d'abord, comment vous êtes au courant de ça ?

– On a entendu Léo et papa en parler l'autre jour, avoua François...

– Mmm ! Je vois. C'est vrai, ils arrêtent encore les Juifs. Au petit jour, j'ai entendu des éclats de voix qui venaient de l'immeuble d'en face.

François se glissa près de sa mère à la fenêtre.

– On n'est pas les seuls debout, constata-t-il.

En effet, une poignée de voisins, accoudés à leur balcon, regardaient dans la rue. François se pencha. Sur le trottoir, une dizaine de policiers allaient et venaient, comme des fourmis affairées. Il y avait aussi une famille, immobile, qui attendait. Une fillette et ses parents. Tous portaient l'étoile. Posés près d'eux, en guise de valises, de simples ballots faits à la va-vite. Pour les surveiller : deux gendarmes, les mains dans le dos. Trois autres policiers sortirent de la librairie et se plantèrent sur le trottoir d'en face, surveillant les opérations.

– Heureusement que Léo est loin ! soupira François.

Au même instant, la porte de l'immeuble d'en face s'ouvrit. En sortirent deux adultes, suivis d'un gamin. Ils se mêlèrent à l'autre famille qui attendait sur le trottoir. Puis la petite troupe se mit en marche, sous bonne escorte, remonta la rue et bifurqua en direction de la mairie. La scène s'était déroulée dans le plus grand silence.

– Où est-ce qu'ils les emmènent ? demanda Lise en se penchant elle aussi.

– Sans doute à Drancy. Mais d'après ton père, ceux qui ont des enfants vont être gardés au Vel' d'Hiv', pour le moment.

– Ils prennent même les enfants, constata la fillette. J'espère que papa n'est pas en train de faire ça...

– Moi aussi, dit Blanche.

Aux fenêtres d'en face, les curieux étaient rentrés chez eux. François quitta la fenêtre et revint dans le salon.

– On dirait que Jonas s'est recouché, murmura-t-il en allant jeter un œil dans leur chambre.

– Et vous feriez mieux d'en faire autant, dit leur mère. Ça ne sert à rien de rester là.

– Eh, attendez ! s'exclama Lise, cassée en deux sur la rambarde. Regardez en bas... On dirait Jonas !

– Mais... tu as raison ! sursauta Blanche.

Elle vit le gamin qui remontait la rue d'un pas rapide.

– JONAS ! appela-t-elle.

En bas, les policiers qui avaient fouillé chez Léo levèrent la tête vers leur fenêtre.

– Chut ! Maman, lui souffla Lise. Ne dis pas son vrai prénom !

La mère n'entendit pas la remarque et cria encore plus fort :

– JONAS !

Le petit venait de tourner le coin de la rue.

– Mais qu'est-ce qui lui prend ?!

Revenu de la chambre, où il avait lui aussi enfilé un pantalon, François finissait de lacer ses chaussures.

– Ah non ! François, tu restes... commença sa mère.

Mais son fils venait de bondir sur la porte et dégringolait déjà l'escalier.

Lise lui emboîta le pas, en chemise de nuit et pieds nus...

– Non, Lise, reviens ici ! cria Blanche, en pure perte.

Complètement paniquée, elle courut dans sa chambre et s'enveloppa dans un châle avant de foncer à la suite des enfants. En bas de l'immeuble, elle rattrapa sa fille de justesse. Un peu plus, Lise se jetait dans les jambes d'un agent qui faisait les cent pas sur le trottoir.

– Toi, tu restes là ! ordonna-t-elle à bout de souffle, la plaquant contre elle.

Quant à François, il s'était déjà lancé à la poursuite de Jonas. Blanche n'eut pas le temps de lui crier quoi que ce soit…

– C'est pas vrai ! haleta Blanche, non mais c'est pas…

– Qu'est-ce qui se passe ici ? fit l'homme de faction, un gros blond joufflu. Un problème, Madame ?

Blanche sentit son pouls s'accélérer. Son cœur menaçait de quitter sa poitrine. Elle ne put que bafouiller :

– Je, non, euh, c'est mon fils qui…

– Ça va, Richard, intervint un second policier qui s'approchait. Je connais cette dame, je m'en occupe !

Blanche poussa un soupir intérieur : c'était Phil, un collègue de son mari, et surtout un ami ! Son mari lui avait dit qu'en cas de coup dur, elle pourrait compter sur lui.

Sans insister, le gros policier salua son collègue et rejoignit les autres.

– Qu'est-ce qui ne va pas, Blanche ? murmura Phil en les entraînant dans l'immeuble, elle et Lise.

– Jo s'est sauvé ! lâcha Blanche. Vous savez, le cousin de Franç…

– Je sais, la coupa Phil, montrant ainsi qu'il connaissait la situation. Est-ce qu'au moins il a ses faux papiers sur lui ?

– Je, euh, je l'ignore ! fit Blanche, angoissée comme jamais.

– Si on l'arrête sans papiers, réfléchit le policier, il ira au commissariat. C'est là qu'on vérifie si les personnes arrêtées figurent ou non sur les listes... Bon. Je vais y faire un tour.

– Et François qui est parti lui aussi comme une flèche ! se lamenta Blanche. Il sait peut-être où est allé Jonas ?

Phil émit un grognement :

– C'est vraiment pas le jour de partir en vadrouille ! D'un autre côté, toute la ville grouille de policiers... Ça m'étonnerait qu'on ne les retrouve pas très vite !

– Merci, Phil, articula Blanche. Sans vous, je ne sais pas ce que j'aurais fait. Je voudrais tellement que Paul soit là !

– Je ne l'ai pas vu de la matinée, dit Phil. Mais je vais lui faire passer un message. Si on le croise, on lui dira de rentrer, d'accord ?

Blanche hocha la tête avec un petit sourire, puis serra très fort la main de Phil.

– Ne vous en faites pas, tenta-t-il de la rassurer, on va tous vous les ramener sains et saufs !

CHAPITRE 8

François parcourait les petites rues du quartier de Grenelle d'un pas rapide. Il avait beau lorgner de tous les côtés : pas de Jonas en vue !

« Qu'est-ce qui a bien pu lui passer par la tête ? s'interrogeait-il, à la fois furieux et inquiet. Il cherche quoi ? À se faire arrêter ? »

François ne voyait pas comment Jonas pourrait échapper aux policiers : il y en avait à chaque coin de rue ! Les uns allaient à pied, escortant les familles ; d'autres patrouillaient à vélo ou à moto, sans doute pour repérer d'éventuels fuyards. À un carrefour, François croisa même la police montée : deux cavaliers, grimpés sur de superbes chevaux bais.

Toutefois, ce qui le frappait le plus dans ce funeste ballet, c'était qu'il n'y avait pas un seul Allemand à l'horizon.

« C'est comme si un mauvais génie les avait tous changés en policiers français », se dit-il.

Cette image lui fit froid dans le dos.

Alors qu'il dépassait la rue Rouelle, des éclats de voix le firent s'arrêter. Un groupe de trois gardiens de la paix, arme à la bretelle, convoyait une dizaine de Juifs vers un autobus à l'arrêt. L'un d'eux, un gros rougeaud au faciès de bouledogue, criait, ou plutôt aboyait des ordres brefs :

– En rang par trois ! Montez dans le bus ! Pas un mot ! Plus vite !

Ce ton glacial, cadencé rappela à François le timbre sec et grinçant des Allemands. Une fois que les prisonniers, terrifiés, se furent alignés en rangs confus, les deux policiers les firent avancer par de brusques ruades.

« Comment des Français peuvent-ils faire ça ? » se demandait François, atterré.

Au moment de monter dans l'autobus, une femme se jeta à genoux devant le brigadier, l'implorant de ne pas prendre ses enfants. Exaspéré, celui-ci sortit son revolver et en menaça la malheureuse :

– Tu montes dans le bus, martela-t-il, ou je te fais sauter la cervelle !

François refusa d'en entendre davantage. Il se remit en route, au bord de la nausée. Obliquant par la rue du Docteur-Finlay, il déboucha quai de Grenelle. L'endroit était désert. Un rien de fraîcheur montait de la Seine en contrebas.

Le garçon en profita pour respirer à grandes goulées. Ce qu'il venait de voir l'avait salement choqué. Le temps de reprendre ses esprits, il tenta de faire le point, focalisant ses pensées sur Jonas :

« Il n'a pas dû aller si loin, se dit-il. C'est pas la peine de continuer. »

Il revint donc sur ses pas, tourmenté à l'idée de rentrer

bredouille. Pour couronner le tout, le soleil s'était mis à cogner dur.

D'un revers de main, François s'essuya le front. Dans ses tempes, il sentait son pouls battre le tambour, signe avant-coureur d'un prochain mal de tête. Il espérait qu'au moins il n'allait pas se mettre à saigner du nez. Ça lui arrivait parfois, dans des moments d'extrême nervosité...

Il s'engageait rue de Linois, en direction de Grenelle, quand il remarqua un attroupement au pied d'un immeuble.

« Encore une arrestation ! » enragea-t-il.

Sans ralentir, il passa près d'un groupe composé de policiers, de quelques badauds, ainsi que de pompiers occupés à déployer une grande bâche toilée. Tous avaient le nez en l'air. Intrigué, François les imita. Et ce qu'il vit le figea sur place... Sur le toit de l'immeuble, immobile au bord du vide, se tenait une femme, serrant contre elle un enfant d'une dizaine d'années. Elle pointait son regard vers le sol, comme fascinée.

– Ça fait vingt minutes qu'elle est là-haut, commenta un policier à cheveux blancs, s'adressant à un tout jeune collègue qui se tenait près de lui.

– C'est ce qu'on m'a dit, opina celui-ci. Quand on est venus l'arrêter, elle a grimpé sur le toit, et depuis elle est là.

– Descendez, Madame ! Ne faites pas de bêtises ! lui cria un pompier.

Mais la femme ne bougeait pas d'un pouce, pétrifiée. Fixant toujours le sol, elle serra son enfant de plus belle.

Puis soudain, avec une étrange lenteur, elle bascula dans le vide. Un seul cri fusa de l'assemblée. François n'eut même pas le réflexe de détourner les yeux. Hypnotisé, il suivait la chute du couple qui n'en finissait pas de tomber. Dans une seconde, il entendrait le bruit des corps heurtant le trottoir... Mais les pompiers furent plus rapides : ils tendirent d'un seul coup leur grande bâche, et la mère et son fils vinrent s'y prendre, comme dans une toile d'araignée.

Aussitôt, une grappe d'agents fondit sur les rescapés.

Le vieux policier se tourna vers son collègue :

– C'est la troisième femme qui saute avec son gosse depuis ce matin, lâcha-t-il d'une voix blanche. Les deux autres, elles ne se sont pas ratées.

– Heureusement, celle-là n'a rien, conclut le jeune, soulagé.

– Qui sait, répondit son aîné, il aurait peut-être mieux valu pour elle et son fils qu'ils restent sur le carreau !

Déjà, on emmenait la femme et son gamin, chacun fermement tenu par un bras.

Quand ils passèrent devant lui, François ne put s'empêcher de jeter un œil à l'enfant. Un garçon de son âge. Qui aurait pu être son ami. Une seconde, François croisa son regard, dans lequel il lut une détresse infinie. Alors il sentit son cœur se tordre. Se détournant, il s'éloigna d'un pas rapide.

À présent, il avait peur. Pas pour lui, non. Mais pour

Jonas. Il était sûr que s'il ne le retrouvait pas très vite, il lui arriverait quelque chose de terrible. « Quelque chose de pire que la mort », se dit François confusément.

Soudain, il sentit un liquide s'échapper de sa narine gauche. En y portant la main, il vit un filet de sang se répandre dans sa paume.

François s'arrêta et le fixa, presque ébloui.

CHAPITRE 9

D'un petit crayon rouge, Henri barrait avec une application de scribe plusieurs noms sur sa liste.

– En voilà cinq de moins, fit le doriotiste, content de lui.

Paul le considérait d'un œil torve.

« Pas question de supporter cette crapule une seconde de plus ! »

Il venait de passer une heure épouvantable. Juste après la séance d'instruction, Henri l'avait entraîné vers un immeuble cossu de la rue Lecourbe où vivaient trois familles juives.

Là, sous l'œil inquisiteur du doriotiste, Paul avait récité les phrases rituelles du bon agent capteur : « Prenez quelques affaires, de la nourriture pour deux jours, et suivez-nous... » Puis il avait dû assister au spectacle tragique de ces gens, affolés, en train de préparer à la hâte des ballots de vêtements. Ensuite, les deux hommes avaient conduit leurs prisonniers jusqu'à la mairie où un employé avait noté leur nom sur un registre, puis vers un autobus qui stationnait à deux pas. Henri y avait jeté leurs ballots, au hasard, sur la plate-forme arrière, les avait poussés dans le bus sans ménagement, avant de biffer tranquillement leur nom sur son papier...

« C'est décidé, se répéta Paul, trépignant de rage. Peu importe ce qu'il m'en coûtera. Je mets les voiles ! »

Et, joignant le geste à la pensée, il marcha vers l'un des gendarmes qui montaient la garde près du bus bondé.

– Vous allez où ? s'enquit-il.

– Au Vel' d'Hiv', répondit le policier.

– On vient avec vous.

– Pas de problème.

Paul revint vers Henri et lui dit d'un ton autoritaire :

– On va les escorter. J'ai envie de voir comment ça se passe au Vel' d'Hiv'.

Le doriotiste approuva du chef. Tous deux montèrent sur la plate-forme arrière, encombrée d'une dizaine de policiers, et le bus, surchargé, démarra poussivement.

Au premier feu rouge, Paul jeta un œil à son cerbère. Penché à la balustrade, Henri semblait surveiller la route droit devant.

« Maintenant ! » se dit Paul... et tandis que le bus redémarrait dans un grincement d'essieux usés, il souleva la chaîne qui fermait la plate-forme et sauta sur le pavé. Aux deux policiers qui lui jetèrent un regard interrogateur, il fit signe que tout allait bien et les salua. Paul craignit un instant qu'Henri ne tourne la tête vers lui, mais le doriotiste restait penché, scrutant toujours la route, et l'autobus tourna dans le boulevard de Grenelle, avant de disparaître en direction du Vel' d'Hiv'.

– Enfin, je l'ai semé ! soupira Paul entre ses dents, non sans jeter des regards inquiets à la ronde.

Il s'engagea dans le boulevard de Grenelle. Autrement dit, il rentrait chez lui !

« Peu importe les conséquences ! décida-t-il. Que Decker me colle un rapport, qu'il me fasse arrêter, j'en ai soupé ! »

Il sentait la fatigue accumulée ces derniers temps peser sur lui comme une chape de plomb. À cela s'ajoutait un terrible dégoût de lui-même. Pour la première fois de sa vie, son métier de policier lui donnait envie de vomir. Qu'il l'eût voulu ou non, il avait pris part à cette ignominie, et il lui faudrait vivre avec cette idée-là. S'il était entré dans la police, c'était pour aider, servir, maintenir l'ordre dans la ville. Voilà ce qu'il avait en tête à vingt ans. Mais où était l'ordre aujourd'hui ? Qui servait-il ? Qui avait-il aidé ?

« Presque personne », se dit-il en repensant au bus remplis d'hommes, de femmes et d'enfants qui roulait vers sa sinistre destination.

Après avoir longé le métro aérien, Paul déboucha au bout de la rue Nélaton. La rue du Vel' d'Hiv'! Ce fut plus fort que lui : il s'arrêta pour y jeter un œil. Une enfilade d'autobus était rangée devant l'entrée. Et quelques agents montaient la garde. Paul ne put s'empêcher d'imaginer ce qui se passait à l'intérieur. Des centaines gens enfermés, perdus, affolés.

« On n'entend rien d'ici, songea-t-il. Mais ça doit hurler là-dedans... Ça doit être... »

Une angoisse terrible commençait à l'étreindre, quand soudain :

– Paul ! Hé, Paul !

Il se retourna.

– Phil ?

Son collègue traversait la rue en courant et vint lui serrer les deux mains :

– Je te cherche partout, mon vieux ! Écoute, on a un problème... Le petit Jonas a fugué !

Paul se demanda s'il avait bien entendu.

– Quoi ? Qu'est-ce que tu racontes ?

– J'ai vu ta femme, y a pas dix minutes. Elle ignore pourquoi le gosse s'est sauvé. On ne sait même pas s'il a ses faux papiers...

– Bon sang ! Mais qu'est-ce qui lui a pris ? éclata Paul.

Phil préféra ne pas lui dire qu'en plus François était parti chercher Jonas ! « Il est assez angoissé comme ça ! »

– Allez, t'en fais pas ! lui dit-il. Le petit est malin. Il ne se laissera pas coincer comme ça !

– Oui, oui, tu as raison, répondit Paul machinalement. Mais il n'en était pas convaincu. Quelque chose clochait. Jonas était parti, aujourd'hui ! « Mais pourquoi, bon Dieu ? Pourquoi ? » se répétait Paul.

– Je reviens du poste de police, dit Phil. Personne ne l'a vu.

Mais Alex est de garde. S'il aperçoit Jonas, il nous préviendra.

– Bon, bon, très bien, soupira Paul. Alors... qu'est-ce qu'on fait maintenant ?

Il avait un mal fou à mettre de l'ordre dans ses idées.

– Passons chez toi, proposa son ami. Avec un peu de chance, le petit sera rentré.

Anéanti, Paul répéta d'une voix monocorde :

– Oui, oui, tu as sûrement raison...

Et, s'accrochant à cet infime espoir, il emboîta le pas à son ami.

CHAPITRE 10

François s'arrêta net sur le trottoir. Il venait de repérer Jonas, deux rues plus loin, seulement il n'était pas seul ! Face à lui, un grand policier à lourdes moustaches le toisait.

La peur au ventre, François s'approcha en tapinois et se cacha derrière une voiture.

Le policier s'adressait à Jonas, mais sans agressivité :

– Je t'ai posé une question. Tu habites où ? Et qu'est-ce que tu fais dehors tout seul à cette heure ?

Pas de réponse. Jonas regardait le policier dans les yeux, incapable de parler. Durant une demi-heure il avait arpenté le quartier de Grenelle, à la manière d'un somnambule. Plus d'une fois, il s'était approché d'un car de police ou d'un groupe de gendarmes à pied. Et chaque fois, il ne les avait qu'observés, alors qu'il aurait voulu leur dire : « Eh bien ? Ça y est ! Je suis là, arrêtez-moi ! » Seulement, Jonas ne portait pas l'étoile jaune. « Tu aurais dû t'en procurer une, se reprochait-il. Sans l'étoile, les policiers ne te voient pas ! »

Enfin, l'un d'eux s'était approché de lui, mais Jonas ne parvenait pas à desserrer les dents.

Le ton du policier se fit plus vif :

– Tu as perdu ta langue ? insista-t-il. Tu as tes papiers ?

Accroupi derrière sa voiture, François se crispa. « Si tu les as, montre-lui tes papiers ! » pensa-t-il très fort.

Jonas fouilla ses poches, mais n'en sortit que quelques pièces de monnaie.

– Tu sais au moins où tu habites, je présume ?

Jonas haussa les épaules en signe d'indifférence.

« Qu'est-ce que tu fiches ? s'emporta son ami. Tu veux qu'il s'énerve ou quoi ? »

La moustache du policier frémit :

– Tu ne serais pas en train de te foutre de moi ? Je t'ai demandé ton nom !

« Invente n'importe quoi ! suggéra François de toutes ses forces. Dis-lui que tu es perdu, excuse-toi, mais tire-toi de là ! »

Jonas demeurait silencieux. François sentait son cœur battre à tout rompre.

– Je t'ai demandé ton nom ! intima le gardien de la paix.

« Joseph Dinan ! » hurla François mentalement.

– Jonas Sipowitz, répondit Jonas.

Un tic nerveux fit tressauter la moustache.

– Sipowitz ? C'est pas un peu polonais, ça ?

– Non, c'est juif. Juif ! Juif ! clama Jonas.

Le policier ouvrit des yeux ronds. Est-ce que ce gosse était fou ? Pourquoi lui crachait-il au visage qu'il était juif ? Cette attitude l'irritait au plus haut point. « Après tout, j'ai reçu des ordres ! » conclut-il, et il attrapa Jonas par le poignet :

– Bon, allez, tu viens avec moi ! grogna-t-il. J'ignore si tu me racontes des histoires, mais crois-moi, là où je t'emmène, l'envie de jouer les petits malins va vite te passer !

Déjà, il traînait son jeune prisonnier en direction du commissariat. François, lui, restait prostré, dépassé par les événements.

Ce qui arriva ensuite défila devant lui comme un film qui passe au ralenti...

Le décor changea de couleur. Il prit une teinte tirant sur le beige. Au même instant, un policier à cheval déboucha d'une rue adjacente et le ciel, trop lourd, se déchira. La pluie se mit à tomber par paquets. Lorsqu'un éclair zébra les nuages, le cheval, effrayé, se cabra et jeta à terre son cavalier, qui s'écrasa rudement sur le pavé.

Le moustachu lâcha un juron, puis le poignet de Jonas, pour se porter au secours de son collègue. François en profita pour jaillir de sa cachette et foncer récupérer son ami.

– Mais viens, bon Dieu ! lui souffla-t-il, et il l'entraîna par le bras.

Jonas se laissa faire mollement, en jetant un coup d'œil au moustachu occupé à aider son collègue. Le policier tourna la tête vers lui, mais le rideau de pluie dissimula la fuite des deux enfants.

Ils enfilèrent plusieurs rues au hasard. Puis, s'assurant qu'on ne les suivait pas, François attira son ami sous le porche d'un immeuble. Il s'ébroua, reprit son souffle et, sans laisser à Jonas le temps de parler, le saisit par les épaules et se mit à le secouer :

– Bon sang, Jonas ! l'engueula-t-il. Tu peux me dire à quoi tu joues ?

– Je... je ne sais pas, mentit son ami.

– Tu voulais qu'ils t'arrêtent, ou quoi ? Tu n'es pas assez bien chez nous ? Avec le mal que s'est donné papa pour te trouver des faux papiers, et tout ! C'est comme ça que tu le remercies ?!

Incapable de répondre, Jonas baissa la tête.

– Je te parle ! rugit François en le secouant de plus belle.

Dans la rue, l'averse venait de s'arrêter brusquement. À l'inverse, les yeux de Jonas s'embuèrent.

– Pardonne-moi, François, articula-t-il. Je ne sais pas ce qui m'a pris. Bien sûr que je suis bien chez vous ! Lise et toi vous êtes mes seuls amis. Et j'adore tes parents...

De grosses larmes glissaient le long de ses joues.

– Mais... mon père me manque, avoua-t-il enfin. Tu ne peux pas savoir ce que c'est. Je pense à lui sans arrêt. J'en rêve toutes les nuits. C'est plus fort que moi, je ferais n'importe quoi pour le retrouver !

François sentit sa gorge se nouer. Réprimant un sanglot, il cacha son émotion dans l'attaque :

– Quand même, tu nous as fichu une sacrée frousse ! gronda-t-il. Maman est dans tous ses états !

– Je m'en doute, renifla Jonas, penaud.

– Tu sais que tu me déçois ? renchérit François. Toi qui aimes tant Chanteloup ! Quand tu te retrouves face à l'ennemi, qu'est-ce que tu fais ? Tu te rends ! On dirait vraiment que tu as oublié sa devise !

Jonas retrouva un semblant de sourire.

– « Ne jamais se rendre. Mourir plutôt. Le sabre en main », récita-t-il. C'est bon, la prochaine fois, je sortirai avec un sabre. Promis !

Un silence, puis les deux amis éclatèrent de rire.

– Allez, on rentre ? dit François en frappant sur l'épaule de son ami.

– On rentre, répéta Jonas.

Ils sortaient juste de sous le porche, quand François poussa une exclamation :

– Eh, regarde là-bas ! On dirait mon père... Mais oui ! Il est avec Phil ! Hé ! Ho ! héla-t-il.

Paul et Phil les aperçurent. Paul esquissait un signe de la main, lorsqu'une berline noire, surgissant d'une rue sur leur gauche, pila net près des deux hommes. Une petite silhouette en jaillit, comme un diable sort de sa boîte : Decker !

– Angevin ! éructa Decker. Enfin, te voilà !

Henri coupa le contact et sortit de la berline à son tour. Le visage du doriotiste était rouge écrevisse. La chaleur ? Certes. Mais plus encore la colère d'avoir été semé. Il jeta à Paul un regard chargé de haine.

À la vue de Decker, François saisit Jonas par le bras et l'emmena derrière un pan de mur.

– Ah ! zut ! siffla-t-il. C'est le commissaire Decker. Papa l'a toujours sur le dos. Un sale type !

– Il m'a accosté l'autre jour, avoua Jonas, stupéfait de retrouver son inconnu. Mais je ne savais pas que c'était le chef de Paul...

– Il t'a parlé ? Qu'est-ce qu'il te voulait ?

– Je t'expliquerai, éluda Jonas. Chut, écoute ce qu'ils disent !

Il régnait un tel silence dans la rue que les voix leur parvenaient nettement.

– Bon Dieu ! tonna Decker, s'il y a une chose qui me rend furieux, c'est qu'on se fiche de moi ! Je t'ai laissé une chance de te comporter en bon Français. Et voilà ce que tu en fais !

Soulagé de voir que Jonas et François s'étaient cachés, Paul répondit d'un ton détaché :

– Eh bien, quoi ? Votre chien de garde m'encombrait. Alors j'ai décidé de me passer de lui.

– Ça, j'avais compris ! Et là, on peut savoir ce que tu fais ? Tu te promènes ?

– Paul me donne un coup de main dans mon secteur, intervint Phil. On a tellement de youpins par ici que...

– Leonetti... le coupa Decker, on ne t'a pas sonné. C'est une affaire entre Angevin et moi.

D'un geste du menton désignant les enfants, Paul dit à Phil :

– Va m'attendre à la maison, tu veux ? Je n'en ai pas pour longtemps.

Phil hocha la tête et s'en alla rejoindre François et Jonas, derrière leur pan de mur.

– Phil ! l'accueillit François dans un murmure. Qu'est-ce qui se passe ?

– Rien de grave, bonhomme, dit Phil. Du moins je l'espère.

Puis, avisant Jonas :

– Ah, te voilà, toi ! Qu'est-ce que tu fichais, bon sang ? Tu crois que c'est pas un jour assez pénible comme ça ?

Jonas marmonna quelques excuses, mais Phil se détourna pour observer discrètement les trois hommes. Decker, l'index pointé sur Angevin, fulminait :

– Bon, stop ! Finie, la comédie !

« Nous y voilà, pensa Paul. Enfin il abat ses cartes ! »

– Je t'ai à l'œil depuis un moment, figure-toi. On m'a signalé ton comportement plutôt louche. Tu t'imagines que je vais laisser des gens comme toi ternir la réputation de mon commissariat ?

Paul leva les yeux au ciel.

– Tu me crois dupe de ton histoire d'insomnies ? poursuivit Decker. J'ai vérifié, le médecin juif était sur la liste. Comme par hasard, on ne l'a pas trouvé chez lui ! Tu veux t'opposer aux Allemands à toi tout seul ? C'est pathétique !

– Vous trouvez sans doute plus glorieux de dénoncer, de maltraiter et d'arrêter des innocents ? s'énerva Paul.

– Je te rappelle juste que la France a perdu la guerre. Et que tu as choisi le camp des vaincus.

– Pour moi, la guerre est loin d'être terminée ! Et le jour où nous aurons fichu les Allemands dehors, moi je n'aurai pas à rougir de mes agissements !

– Oh ! ça, tu peux être fier de toi et de tes fréquentations. Des voyous de l'anti-France et des Juifs. À ce propos... Max Sipowitz, ça te dit quelque chose ? Un Juif qui ne s'est jamais déclaré. Celui-là, je l'ai fait... retirer de la circulation !

Paul se raidit.

– QUOI !? explosa-t-il. Qu'est-ce que vous venez de dire ?

– Si-po-witz, détacha Decker. Ton ami le Juif. Tu veux savoir ce qu'il est devenu ? Son convoi a quitté Drancy en mars dernier. Direction : l'inconnu !

Le coup de poing partit tel un boulet de canon. Il cueillit Decker à la mâchoire et l'envoya au sol. La réaction du doriotiste fut immédiate : il fonça sur Paul, ses deux poings énormes en avant. Paul para une droite qu'il entendit siffler à son oreille, puis esquiva de peu un terrible uppercut. Quand il parvint à placer un coup, ça ne fit qu'effleurer le colosse. En retour, Paul encaissa un solide cross à l'estomac. Il tomba à genoux, le souffle coupé.

Decker, lui, venait juste de se relever. Il avait tiré un petit pistolet de poche, et s'approchait de Paul en titubant. Derrière son mur, Phil n'en croyait pas ses yeux.

– Vous allez faire quoi ? Me tuer ? grinça Paul en louchant vers l'arme. Vous n'aurez pas le cran, espèce de lâche !

– La ferme ! cria Decker, qui empoigna son revolver par le canon et en assena un coup de crosse à Paul, juste derrière l'oreille.

Le malheureux s'écroula, cassé en deux sur le pavé.

Tétanisé, Jonas ne quittait pas Paul des yeux, les poings serrés de rage. Les mots qu'avait prononcés Decker, à propos de son père : « Direction : l'inconnu ! » éclataient dans sa tête en coups de tonnerre. François, lui, était déchaîné. Une main plaquée sur sa bouche, Phil avait toutes les peines du monde à le maintenir.

– Calme-toi ! lui souffla-t-il. On ne peut rien faire. Decker a une arme, c'est trop dangereux. Chut ! Laisse-moi écouter ce qu'il dit !

Il retint l'enfant contre lui et tendit l'oreille.

– Je ne pensais pas qu'on en arriverait là, disait Decker qui frottait son menton endolori.

– Qu'est-ce qu'on fait de lui, patron ? demanda Henri. On l'emmène au commissariat ?

– Non. Je... je veux donner une leçon à cet imbécile arrogant...

Decker réfléchit à toute vitesse.

– Regarde dans la boîte à gants ! s'anima-t-il soudain, pointant du doigt leur voiture.

L'homme du PPF s'exécuta.

– Tu vas trouver une carte d'identité, dit son chef. Je l'ai prise à ce Juif qu'on a arrêté ce matin. Enfin... arrêté, façon de parler ! Il serait encore en vie s'il n'avait pas cherché à prendre la fuite.

– Ça ? fit le doriotiste en lui tendant une carte verte dépliée en accordéon et frappée d'un large tampon « JUIF ».

– Oui ! trépigna Decker. Donne !

Il examina la carte.

– Mmm ! La photo est mauvaise, ça devrait faire l'affaire. Du moment qu'il est de profil[1]. Le nom ? Isaak Stern... Parfait !

Il fouilla la poche de Paul, lui prit sa carte de police et glissa l'autre à la place en ricanant.

– Bonne journée, monsieur Stern ! (Puis à Henri :) Mets-le dans la voiture.

– On l'emmène où ? demanda le doriotiste.

– D'après toi ? Un grand vélodrome, à deux pas d'ici. Avec des tas d'Isaak et des tas de Stern !

La face rubiconde du doriotiste se fendit d'un sourire ravi. Il saisit Paul et le jeta sur la banquette arrière. L'instant

1. Sur les cartes d'« étrangers », le sujet était toujours de profil.

d'après, les deux hommes grimpaient en voiture et démarraient sur les chapeaux de roues.

– Mais c'est dingue ! put enfin crier François, que Phil venait de libérer. Ils emmènent mon père au Vel' d'Hiv'!

Malgré sa panique, Phil tenta de le rassurer :

– Je... je vais faire quelque chose...

– Mais quoi, Phil ? Tu as vu de quoi ils sont capables ? Ces types sont des fous ! Des assassins ! Paris grouille d'assassins !

Tout ce dont il avait été témoin depuis ce matin défilait en rafale dans sa tête : les gens qui tombaient du toit, ceux qu'on enfournait dans des bus, cette femme qu'on menaçait d'un pistolet, son père frappé à la tête, qui s'était écroulé sur le pavé...

– D'abord, commença Phil, je vous ramène à la maison et puis je...

– Oh non ! s'exclama soudain François, tapant rageusement du pied. Jonas a encore fichu le camp !

Phil chercha vivement autour d'eux... En effet, Jonas avait bel et bien disparu ! Le policier secoua la tête, catastrophé :

– De mieux en mieux ! Bon, là, c'est pas le moment de perdre les pédales.

– Qu'est-ce qu'on va faire ? demanda François dans un sanglot.

– Ne t'en fais pas, déclara Phil en le serrant contre lui pour le rassurer. Je vais trouver une idée !

Mais le grand vide qui régnait dans son esprit le glaçait d'effroi. Aussi répéta-t-il, pour s'en persuader :

– Je vais trouver une idée...

CHAPITRE 11

« C'est de ta faute ! C'est de ta faute ! se répétait Jonas tandis qu'il courait dans les rues. Si tu étais resté à la maison, ça ne serait jamais arrivé ! Ils ont tabassé Paul, et ils l'emmènent au Vel' d'Hiv'. À cause de toi ! »

Voilà pourquoi Jonas s'était éclipsé une fois de plus : pour ne pas avoir à supporter le regard de François...

Alors qu'il débouchait rue Nélaton, il s'arrêta net. Là-bas, la berline de Decker démarrait en trombe et déjà s'éloignait dans un nuage de fumée noire. Les deux crapules venaient de déposer Paul à l'intérieur, l'abandonnant à son destin.

Épuisé par sa course, Jonas reprit son souffle. Il fit le point.

« Je dois rentrer là-dedans, décida-t-il. Retrouver Paul et ressortir avec lui ! Mmm ! Facile à dire ! »

Jonas concentra son attention sur l'entrée du Vel' d'Hiv'. Le long du trottoir étaient garés plusieurs fourgons de police. Soudain, au bout de la rue, apparut un bus des TCRP[1]. Il vint se ranger face au vélodrome, puis déversa sa cargaison humaine. Une cohorte de gendarmes surexcités poussa les prisonniers vers l'entrée. Les portes du hall

1. TCRP : Transports en commun de la région parisienne. Ancien nom de la RATP.

s'ouvrirent devant eux, et Jonas eut l'impression qu'une gueule énorme venait de les happer.

« Voilà ce qui va m'arriver si j'entre, se dit-il en frissonnant. Les portes vont se refermer sur moi comme les mâchoires d'un monstre. Et puis elles vont me broyer lentement. Je vais sentir mes os craquer un par un. Et la douleur sera si horrible que je serai devenu fou avant qu'il ait fini de me digérer. »

Du coup, il sentit sa détermination vaciller.

« En même temps, je ne peux pas rester là les bras croisés ! »

C'est alors qu'une camionnette de boulanger passa devant Jonas et tourna dans la rue du Docteur-Finlay. Comme frappé par une intuition, le gamin la suivit. Il longea l'enceinte du Vel' d'Hiv', puis s'engagea rue du Docteur-Finlay, où il retrouva la camionnette stationnée à l'entrée d'une cour intérieure.

« Peut-être que ça donne sur le Vel' d'Hiv'... » espéra-t-il.

Le boulanger sortait une dizaine de baguettes du coffre arrière. Les tenant à bout de bras, il marcha jusqu'à une petite porte, à laquelle il frappa du pied. Un policier, mitraillette en bandoulière, lui ouvrit et s'écarta pour le laisser rentrer.

– Je t'accompagne, dit-il, ils sont enragés là-dedans !

Derrière eux, la porte coulissa mais resta entrouverte.

« Bien joué ! pensa Jonas. Ça donne dans le Vel' d'Hiv' ! D'un pas décidé, il traversa la cour, puis s'engouffra à la suite des deux hommes. Un long couloir le conduisit dans une seconde cour, plus vaste que la première, où il fut témoin d'une scène insupportable. Entassées derrière des barrières métalliques, des dizaines de familles attendaient, mains tendues. Il y avait là une poignée de policiers en armes. L'un d'eux prit le pain du boulanger, le rompit en morceaux. Puis, comme on nourrit des animaux, le lança dans la foule par-dessus les barrières. Aussitôt les malheureux se jetèrent sur le pain, jouant des coudes et des poings pour saisir quelques miettes ou ramasser un quignon souillé. Sous la pression des gens, une des barrières se renversa, jetant à terre un flot de prisonniers, ainsi que deux policiers. Leurs collègues s'élancèrent, matraques brandies, et les coups se mirent à pleuvoir. Ils frappaient au hasard, femmes ou enfants, aux cris de : « Debout ! Reculez ! Reculez ! »

En un instant, il régna une confusion sans nom. Jonas s'ouvrit un chemin avec peine dans cette cohue, longea un mur, puis traversa un court hall désert, avant de déboucher au cœur du Vel' d'Hiv'...

La première chose qui le frappa fut un bruit assourdissant qui lui vrillait les tympans. Jonas évoluait dans une demi-pénombre un peu glauque, dont il comprit l'origine en levant les yeux : le plafond, une verrière peinte en bleu, freinait la lumière du jour et diffusait une clarté verdâtre. Accrochés aux poutrelles, de petits projecteurs brûlaient pour rien, leur faible lumière n'offrant qu'un pâle éclairage.

Pour couronner le tout, il faisait une chaleur étouffante. Néanmoins, Jonas continua d'avancer.

Il avait devant lui une sorte d'immense amphithéâtre, au centre duquel s'étendait un vaste terre-plein envahi de monde. On avait dressé là une tente blanche, près de laquelle s'affairaient des infirmières de la Croix-Rouge. Ceinturant le terre-plein, une piste cyclable relevée dans les virages, elle-même entourée par des gradins en béton où se pressait une foule innombrable.

Serrés les uns contre les autres, les gens cherchaient un peu de repos, essayant d'appuyer leur tête contre un coin de baluchon. Mais beaucoup erraient, la mine hagarde, parmi des malades allongés à même le sol, des nouveau-nés qui hurlaient, vomissaient. Tandis que des enfants faisaient leurs besoins n'importe où, on entendait des cris de colère, des râles, parfois une longue plainte déchirante qui s'élevait et venait se heurter contre la verrière du Vel' d'Hiv'.

Jonas progressait dans ce décor effarant, avec la sensation d'être tombé dans un autre monde. Un monde de cauchemar dont les habitants agonisent, physiquement et mentalement.

Et quelque part dans cet enfer, il y avait Paul !

« Jamais je ne le retrouverai, se dit Jonas. Qu'est-ce qui m'a pris d'entrer là-dedans ? Je suis pris au piège ! »

CHAPITRE 12

Quand Paul reprit connaissance, il eut le sentiment que sa tête allait éclater. D'où venait ce bruit épouvantable ? Tâtant sa nuque, il sentit une énorme bosse près de son oreille. Alors, tout lui revint d'un bloc : son algarade avec Decker, sa courte lutte contre Henri. Puis le noir intégral...

Il se remit debout péniblement. Un instant, le décor tangua autour de lui, avant de se stabiliser. Il découvrit la piste, les gradins, la foule immense...

– Le Vel' d'Hiv'! lâcha-t-il à voix haute. Ces salauds m'ont jeté dans le Vel' d'Hiv'!

Il fit quelques pas, l'air égaré, l'esprit en fusion. Il pensa à son ami Max. Decker l'avait fait arrêter. Et déporter. Vers où ? Et qu'était-il devenu ?

« D'abord, je dois sortir d'ici, décida Paul. Ensuite, je m'occuperai de cette ordure ! »

Sans attendre, il s'engagea sur la piste cyclable, où il fut bousculé par une bande de petits gosses qui se pourchassaient en riant.

Une voix jaillie d'un haut-parleur se mit à clamer :

– Il est interdit de jouer sur les pistes ! Dernier avertissement !

Mais les jeunes enfants, insouciants, continuaient de se cavaler après.

Paul arpenta la piste, l'œil aux aguets. Une fois, il était venu au Vel' d'Hiv' avec Max, Lise et Jonas, et il lui semblait bien qu'il y avait une sortie pas très loin. Oui ! Là-bas, près de ce groupe électrogène. Déjà, il accélérait le pas, quand un attroupement sur sa gauche l'obligea à ralentir. Une quinzaine de personnes anxieuses et agitées étaient massées devant une porte marquée URINOIRS. Tandis que Paul marchait vers eux, une odeur infecte le saisit à la gorge.

– C'est bouché, disait un homme au fort accent yiddish qui tenait un mouchoir devant son nez. Et presque tous les autres sont murés, à cause des fenêtres qui donnent sur la rue !

– Mon Dieu !... gémit une grosse femme affolée, on ne peut tout de même pas faire n'importe où devant tout le monde...

– Faudra bien ! soupira un petit homme à lunettes.

– On pensait trouver des lavabos, dit l'homme au mouchoir. Mais ils sont démolis.

– Tout à l'heure ils ont promis qu'ils distribueraient de l'eau, déclara un autre, en désignant un haut-parleur. On attend encore !

– À quoi ça sert ? s'écria alors une grande blonde près de Paul. De toute façon, on va tous mourir.

– Elle est folle celle-là ! s'exclama la grosse femme.

Une jeune fille à l'accent polonais annonça :

– Moi j'ai entendu des policiers parler entre eux. Il paraît qu'on va nous renvoyer dans nos pays respectifs !

– Mais je suis apatride ! s'insurgea la grosse femme. Alors ils vont me renvoyer où ?

– Attendez, intervint un grand type à lunettes d'écaille. Moi aussi j'ai parlé à un policier. Et il m'a juré qu'on ne quitterait pas la France !

Tout le monde se mit à parler en même temps, avançant sa théorie. C'est alors que la blonde les interrompit, proclamant d'un ton glacial :

– Vous ne comprenez donc pas qu'on va partir pour toujours ? Aucun de nous ne reviendra !

– Oh ! mais taisez-vous, enfin ! cria la grosse femme.

Tandis que la dispute s'envenimait, Paul s'éloigna du groupe à grands pas.

« Y a de quoi devenir cinglé ! se dit-il. Il faut que je sorte d'ici TOUT DE SUITE ! »

Au même moment, il repéra la sortie qu'il cherchait ! Près de portes battantes, deux gardes assis à une table tapaient le carton devant un Thermos de café. Quand ils virent Paul approcher, ils se levèrent de concert.

– Monsieur, faut pas rester ici ! dit le premier.

– Retournez d'où vous venez, appuya le second qui avait à peu près la même voix.

Paul s'aperçut qu'il avait affaire à des jumeaux. Deux blonds, avec une figure sans expression, percée de petits yeux porcins.

– Écoutez, je... je vais vous expliquer, commença Paul en fouillant sa poche de veste. Je suis de la maison !

Il sortit sa carte mais, ce faisant, il blêmit.

– Hé ! mais ! qu'est-ce que ça veut dire ?

– Donnez-moi ça ! siffla l'un des frères.

Il la lui arracha des mains, vit l'énorme tampon « JUIF », et fronça les sourcils. Pris de panique, Paul refouilla ses poches en balbutiant :

– Je... euh, non, attendez... Ce ne sont pas mes papiers, ça !

– Ben voyons ! fit l'un des frères en y jetant un œil à son tour.

– Bien essayé ! rigola l'autre, ironique.

« Decker ! » réalisa Paul.

– C'est... c'est un coup monté ! balbutia-t-il. Ça paraît incroyable mais...

Les deux gardes sortirent leur matraque en même temps.

– Retournez d'où vous venez... ordonna le blond numéro un.

– Et tout de suite ! termina le numéro deux. Ne nous forcez pas à devenir méchants !

Paul jeta un bref coup d'œil aux portes et décida de tenter sa chance. D'un bond, il s'élança vers elles... mais les deux frères fondirent sur lui. Il sentit la double morsure de leur matraque : l'une au flanc droit, l'autre derrière la nuque. Il roula au tapis, sonné mais conscient.

– Bon, on en fait quoi ? demanda le blond numéro un.

– Laisse. Je m'en charge.

Il saisit Paul par les pieds et, traversant la piste, le traîna jusqu'au terre-plein central.

CHAPITRE 13

Cela faisait plus de deux heures que Jonas errait parmi la foule du Vel' d'Hiv'. Il y faisait de plus en plus chaud. Jonas avait horriblement soif, la clameur incessante lui perçait les tympans et, pour couronner le tout, la puanteur qui avait envahi l'édifice commençait à devenir irrespirable...

« Tu t'es pris pour un héros, un second Chanteloup... et voilà le résultat ! se reprochait Jonas. Maintenant, il faudrait un miracle pour retrouver Paul. »

D'un geste machinal, il toucha son pendentif : la clé que lui avait donnée Léo, et il se souvint des paroles du libraire : « Il suffit de faire un vœu pour que la clé le réalise. »

« Si seulement c'était possible... »

C'est alors qu'il aperçut le violoneux. Assis en tailleur au bord de la piste cyclable. Un long personnage sans âge, aux allures de fakir : cheveux et barbe immenses. L'homme jouait pour lui seul. À cause du vacarme ambiant, Jonas n'entendait pas la musique.

D'instinct, il marcha vers le musicien. Et à mesure qu'il s'approchait et qu'il percevait le son de l'instrument, une idée germait dans sa tête.

Quand il l'eut rejoint, le violoneux cessa de jouer et leva les yeux vers lui.

Jonas dut crier pour se faire entendre :

– Salut !

– Salut !

Jonas désigna l'instrument :

– Je vous ai vu jouer...

– C'est pour ne pas penser, dit le violoneux. Tu sais où on peut trouver à manger ?

Jonas fit non de la tête. Il fouilla ses poches, en sortit un peu de monnaie.

– Je peux vous donner ça, proposa-t-il. Quelqu'un acceptera bien de vous vendre un peu de nourriture.

L'homme tendit la main, mais Jonas referma son poing sur les pièces en insistant :

– Seulement si vous jouez pour moi, d'accord ?

L'idée qui s'était emparée du gamin ne le lâchait plus.

– Le truc, ça serait qu'on marche ensemble, et que vous jouiez en même temps...

Un instant, Jonas redouta que l'homme l'envoie promener, ou pire, qu'il soit infirme. Mais il le vit déplier ses immenses jambes et se relever en souplesse.

– Et tu veux que je joue quoi ?

– Le concerto de Beethoven. Je peux le fredonner si vous ne le c...

– Est-ce que j'ai l'air de débarquer sur Terre ? répliqua le violoneux.

Il plaça son instrument au creux de son cou et commença

à jouer le morceau.

– C'est ça ! applaudit Jonas, épaté par la beauté de son toucher.

Il lui donna l'argent.

– Bon alors, en marche, fit l'autre avec un mouvement du menton. Tu veux aller où ?

– Euh, oui ! bafouilla Jonas, à la fois ravi et perdu. On va... on va par là !

Et précédant le violoneux, il avança parmi la foule immense du terre-plein. Quelques têtes se tournaient sur leur passage, captant la mélodie, qui leur échappait aussitôt. Jonas scrutait tous ces visages avec la plus grande attention.

« Je vais faire un vœu », se dit-il en touchant son pendentif.

Et il se mit à penser très fort à Paul.

CHAPITRE 14

– Aïe ! cria Paul. Quelqu'un venait de lui marcher sur la main. Le garde l'avait laissé à moitié assommé sur le terre-plein central, où se trouvaient de nombreux autres corps allongés, des malades ou des personnes endormies, et où d'autres allaient et venaient.

Paul frotta ses doigts endoloris en grimaçant. Il essaya de se relever, mais une douleur fulgurante au flanc droit lui arracha un cri rauque. Inquiet, il souleva sa chemise, s'examina. Ça ne saignait pas.

– Sûrement une côte cassée ! pesta-t-il.

Il se remit debout avec peine, puis tenta de faire le point. Une chose était sûre : il était hors de question qu'il reste ici ! Il allait guetter le poste de garde et attendre que les deux escogriffes soient remplacés pour tenter sa chance à nouveau...

Il en était là de ses réflexions quand une petite mélodie lui fit dresser l'oreille. Elle se perdit dans le brouhaha ambiant, puis réapparut, plus ténue encore. Paul tourna la tête, se demandant s'il avait rêvé.

Non. Pas de doute. C'était bien l'air de Beethoven. L'air de Jonas ! Quelqu'un jouait du violon. Ici ? Il scruta la foule autour de lui, à la recherche du musicien. Mais la mélodie lui échappa encore. Paul fit quelques pas en avant. Elle revint. Sur sa gauche ? Non. Derrière ? Il pivota. Elle était là. Toute proche.

– Mais où, bon Dieu ?!

– Paul ! l'appela une voix dans son dos.

Paul fit un tour sur lui-même : Jonas, bras levés, lui faisait signe.

– JONAS ! clama-t-il.

Le gamin courut se jeter dans ses bras et le serra de toutes ses forces. Paul ressentit une douleur terrible au côté droit, mais il encaissa, mâchoires crispées.

– J'étais sûr que tu reconnaîtrais la musique ! jubilait le gamin. Attends, viens, je vais te présenter... Ah ! ça, où il est ?

Il chercha des yeux le grand barbu, mais dut vite se rendre à l'évidence : le violoniste avait disparu dans la foule. Parti chercher de quoi manger, sans doute avec ses quelques sous.

– Je ne sais même pas son nom ! regretta l'enfant.

Il revint vers Paul, qu'il découvrit planté comme un i, les deux poings aux hanches.

– Bon, à nous deux, mon petit monsieur ! glapit le policier, sourcils froncés. Tu me dois des explications, je crois !

Jonas répondit en fixant ses chaussures :

– Je suis venu te chercher.

Paul crut avoir mal entendu.

– Tu veux dire que tu es entré exprès dans le... Mais tu es fou ou quoi ? Et puis d'abord, qu'est-ce qui t'a pris de t'enfuir de la maison ?

Long silence de Jonas. Puis l'aveu, précipité :

– Je voulais qu'ils me prennent, reconnut-il au bord des larmes. Qu'ils m'emmènent rejoindre mon père. Même s'il faut aller « Direction : l'inconnu ! » comme a dit ton chef.

Jonas renifla, avant de poursuivre :

– Seulement, quand je les ai vus t'emmener toi aussi, ça m'a rendu dingue. Pas question de te laisser partir pour l'inconnu comme papa ! J'ai filé au Vel' d'Hiv' et je t'ai retrouvé ! Et maintenant on ne se quitte plus, pas vrai ?

Le visage de Paul se fendit d'un grand sourire.

– Mais oui, viens là, bonhomme ! lança-t-il en serrant le petit dans ses bras. Bon sang, dans le genre tête de mule, tu es encore pire que ton père !

– J'espère bien, répondit le gamin en souriant. Avoue que mon idée du violon, c'était pas mal.

– Et je suppose que tu as aussi un plan pour nous tirer de là...

– Absolument ! assura Jonas sans se démonter.

Il s'approcha de Paul et lui murmura son idée à l'oreille.

– Hé ! s'émerveilla ce dernier, admiratif. Le pire, c'est que ça peut marcher !

CHAPITRE 15

Paul portait Jonas dans ses bras, et chaque pas lui arrachait une grimace de douleur. Sous les verrières du Vel' d'Hiv', la chaleur était devenue insupportable, et à présent la poussière tournoyait dans l'air, rendant l'atmosphère plus irréelle encore.

Il prit la direction de la grande tente blanche qu'il avait aperçue en arrivant et qui tenait lieu d'infirmerie. Devant la tente, il dénombra une dizaine de corps, allongés par terre, pleurant, gémissant, toussant...

Il se dirigea vers deux infirmières qui finissaient de panser le bras d'un vieil homme. Se relevant, l'une d'elles confia à sa collègue :

– C'est horrible, ils amènent même les moribonds...

– Je sais. Tout à l'heure encore, un nouveau-né, mort la nuit dernière. Quand ils ont arrêté ses parents, ce matin, ils n'ont pas su quoi faire de son cadavre, alors ils nous l'ont apporté.

Voyant Paul et Jonas, l'une des infirmières vint vers eux, puis leur désigna un homme, barbu, vêtu d'une blouse blanche et portant l'étoile jaune, qui sortait juste de la tente.

– C'est le seul médecin qu'on ait, dit-elle. Il faudra attendre !

Paul allongea Jonas sur une sorte de civière, un peu à

l'écart des moribonds. Au bout d'une heure, le médecin s'approcha enfin.

Paul se racla la gorge et lui expliqua :

– Le petit a très mal au ventre.

– Ça me brûle, c'est horrible ! gémit Jonas.

Le médecin le palpa, l'ausculta attentivement. Jonas, anxieux, ne le quittait pas des yeux. Soudain, le barbu secoua la tête et déclara :

– Je regrette, mais votre fils n'a rien. Un peu de fièvre, d'accord. Peut-être un début de déshydratation. On va lui donner de l'eau et...

– Mais je vous dis que j'ai mal ! cria presque Jonas.

– Écoute, il y a des enfants beaucoup plus malades que toi ici, répondit le médecin. J'ai des cas de rougeole, de varicelle, la fillette là-bas a la diphtérie. Sans parler des adultes !

– C'est peut-être ça qu'il a, insista Paul, la diphtérie ?

– Tu as mal à la gorge ? demanda le médecin.

Ne sachant quoi répondre, craignant un piège, Jonas dit la vérité :

– Euh, non.

– Vous voyez, trancha le barbu. Pour l'instant, il n'en a pas les symptômes. De toute façon, je n'ai aucun médicament.

Alors Paul lui saisit le bras, dans un geste suppliant :

– Je vous en prie, faites sortir le petit, souffla-t-il. Je vous revaudrai ça !

Le médecin, gêné, se dégagea d'une secousse.

– Non, non, je ne peux rien faire ! dit-il. Je dois inscrire chaque sortie. Les Allemands vont tout contrôler. Je risque gros, je... Maintenant excusez-moi !

Et, très vite, il disparut sous la tente. Jonas et Paul échangèrent un regard désespéré. Après qu'une employée de la Croix-Rouge leur eut donné un peu d'eau, Paul prit Jonas par la main et l'éloigna de ce mouroir.

– Ça aurait pu marcher, regretta Jonas quand ils furent assez loin. Le coup du faux malade. J'ai pêché ça dans un épisode de *Chanteloup* ! Quand il s'évade des geôles de Plymouth. Il râle, appelle au secours, se roule par terre. Un gardien arrive et BAM ! Chanteloup l'assomme et déguerpit !

– Ce Chanteloup ! Lui, au moins, il réussit tout ce qu'il entreprend !

– On réessaiera notre coup plus tard, décréta Jonas. D'ailleurs, tu as entendu ce qu'a dit le médecin ? C'est plein de malades ici. Je ne vais pas tarder à attraper vraiment quelque cho... Hé !

Jonas stoppa net. Portant la main à ses narines, il s'aperçut qu'il saignait du nez.

– Manquait plus que ça ! Ça n'aurait pas pu m'arriver devant le médecin, non !

– C'est rien, bonhomme, le réconforta Paul en le serrant contre lui. Ça arrive à François de temps en temps. C'est la nervosité.

Ils s'assirent par terre, dos contre un pylône. Du doigt, Jonas se boucha la narine et attendit. Le saignement s'arrêta très vite. Éreintés, Paul et Jonas décidèrent de rester assis. Histoire de souffler un peu.

Autour d'eux, le Vel' d'Hiv' ne cessait de se remplir. «Jusqu'à quand ? s'inquiéta Paul. Jusqu'à ce qu'il éclate, comme une outre ? »

Il décida de réfléchir à nouveau au moyen de sortir de là. Une idée l'avait effleuré, avant qu'il ne retrouve Jonas. Soudain, il se la rappela : « Ah, oui, voilà ! Retourner au poste de garde, et... »

Bon Dieu, ce qu'il avait sommeil ! Ou soif. Il ne savait plus très bien. Il se laissa aller. « C'est ça, je vais reprendre des forces. Après je serai d'attaque pour... »

Ses paupières papillonnèrent, puis se refermèrent. Le sommeil était sur le point de l'emporter, quand un haut-parleur, fixé au sommet de leur pylône, se mit à hurler :

– ON DEMANDE MADAME LINEN AU POSTE DE GARDE ! JE RÉPÈTE : MADAME LINEN...

Paul fut réveillé pour de bon.

– Hein ? demanda Jonas dans un demi-sommeil. C'est nous qu'ils appellent ?

– Non, fit Paul, ce n'est pas nous. Repose-toi.

Gardant les yeux clos, Jonas lâcha :

– Dis, papa, est-ce qu'ils ont éteint les lampes ?

« Papa » ? se répéta Paul, étonné. Il répondit néanmoins :

– Oui Jonas, ils ont éteint. Dors.

– Je peux pas. Avec tous ces gens qui crient. Remarque, c'est normal. Il essaye de nous digérer. Ça fait jamais du bien de se sentir digéré...

– Qui est-ce qui nous digère ?

– Le Vel' d'Hiv', murmura Jonas d'une voix très faible.

« Est-ce qu'il délire ? » s'affola Paul, qui lui tâta le front. Il était brûlant ! Du même coup, Paul nota que Jonas serrait quelque chose dans sa main, à travers son chandail. Un pendentif ?

– Ça me rappelle un livre, reprit Jonas. Que Léo m'avait prêté. Dans ce bouquin, le type disait : « Il faut crier pour appeler la lumière. Jusqu'à ce que quelqu'un nous trouve. » C'est bizarre, hein ?

Paul resta coi.

– C'est pour ça qu'ils crient, tous ces gens ? Pour que quelqu'un les trouve ?

– Je ne sais pas. Oui. Sans doute, fit Paul, perdu.

– Peut-être que si on crie, toi et moi, quelqu'un va nous trouver ? Tu veux crier avec moi ?

« Est-ce qu'il veut dire "prier" ? se demandait Paul, plus alarmé que jamais. Je vais le ramener voir le médecin... »

Il se remit debout.

– Hein, papa ? reprit le gamin. Tu veux crier avec moi ?

– Si tu veux, lui chuchota Paul. Oui. On va crier.

À ce moment, le haut-parleur se remit à hurler :

– MONSIEUR ISAAK STERN EST DEMANDÉ À L'ACCUEIL ! ISAAK STERN EST DEMANDÉ...

– Oh, la ferme ! lança Paul, furieux.

– JE RÉPÈTE. MONSIEUR ISAAK STERN EST DEM...

Paul reçut comme un coup à l'estomac. Isaak Stern ! C'était le nom qui figurait sur la carte que lui avait glissée Decker ! Il la tira pour s'en assurer. « Oui ! C'est ça ! »

Pourtant, un doute le tiraillait :

« Il s'agit peut-être d'un autre Isaak Stern... »

Il n'y avait pas trente-six moyens de s'en assurer ! Négligeant sa douleur au flanc, Paul souleva Jonas, à moitié inconscient, et se dirigea vers le poste de garde.

Tandis qu'il marchait avec peine, de sombres pensées roulaient sous son crâne : « Je vais encore tomber sur les deux blonds ! Ils seront en train de parler au vrai Isaak Stern, et j'aurai plus qu'à... »

Paul parvint au poste de garde, mais n'y repéra aucun blond. En revanche, il aperçut Phil, encadré par deux immenses gardes républicains.

Son collègue le regardait approcher, la mine sévère. Paul s'exhorta mentalement :

« Surtout, ne lui souris pas ! Fais comme si tu ne le connaissais pas ! »

Il n'eut pas grand mal à se composer une mine abattue.

– C'est lui ? interrogea le capitaine des gardes républicains.

– Affirmatif ! lança Phil. Monsieur Stern et moi sommes de vieilles connaissances. Pas vrai ?

De peur de dire une bêtise, Paul se borna à opiner du chef.

– Qu'est-ce qu'il a, ce gamin ? interrogea l'autre garde d'un air soupçonneux.

– Diphtérie, mon capitaine, répondit Paul. Moi aussi, je l'ai. Comme vous le savez, c'est très contagieux !

Par prudence, les deux gardes reculèrent de quelques pas.

– Bon, allez, emmenez-moi ça, ordonna le gradé, peu rassuré.

Phil serra la main des deux hommes.

– Merci, collègues ! Je vous revaudrai ça.

Phil laissa Paul passer les portes battantes, puis lui emboîta le pas. À mesure que les deux hommes remontaient le couloir qui menait vers la sortie, la clameur assourdissante du Vel' d'Hiv' diminuait. Paul n'en revenait pas. « Je sors ! se disait-il, éberlué. Je sors de l'enfer ! »

Voyant qu'il avait du mal à porter Jonas, Phil lui souffla :

– Donne-moi le petit.

– Euh, tu sais, il n'a pas la diphtérie, lui dit Paul. Du moins, j'espère.

Sans sourciller, Phil lui prit le gosse des bras.

– Je te dois une fière chandelle, le remercia le policier. Tu peux me dire ce que tu leur as raconté ?

– Je t'expliquerai !

– Ah non ! Tout de suite ! Je veux savoir !

– Eh bien... D'abord, j'ai cru devenir dingue, figure-toi ! J'avais beau me creuser la tête, Decker t'avait piqué ta carte de police, je ne voyais pas comment te sortir de ce traquenard. Cependant, un détail me tracassait. Ça m'est revenu d'un seul coup : Decker t'avait appelé Isaak Stern ! Aussi sec, j'ai débarqué au poste de garde, j'ai montré ma carte et j'ai prétendu que la police judiciaire avait besoin de toi d'urgence pour une affaire de la plus haute importance. C'est un peu l'affolement, là-bas, ils n'ont pas cherché à vérifier : entre collègues... Et voilà le travail !

Dans ses bras, Jonas prononça faiblement :

– Chapeau... C'est quasiment la même ruse qu'emploie Chanteloup pour libérer la comtesse McKenzy. J'avais pas pensé à ça !

Un sourire flottait sur ses lèvres, mais il gardait les yeux fermés.

– C'est qui ça, Chanteloup ? demanda Phil.

– Un gars du tonnerre ! sourit Paul.

Sur ces entrefaites, les portes principales s'ouvrirent et les deux hommes et l'enfant se retrouvèrent à l'air libre. Il faisait nuit. La rue Nélaton était déserte. Aucun bus garé le long du trottoir, pas un chat à l'horizon. Un profond silence recouvrait la ville. Et pourtant, Paul entendait toujours la clameur du Vel' d'Hiv' résonner dans sa tête.

Au moment où les deux hommes s'engageaient dans la rue Nocard, Phil demanda tout bas :

– Combien ils sont là-dedans ?

– Difficile à dire. Quatre ou cinq mille[1] ? Peut-être plus...

Phil secoua la tête d'un air bouleversé.

– Sans oublier tous ceux qui ont échappé à la rafle de ce matin, ajouta-t-il, et qui n'osent plus rentrer chez eux. On m'a signalé des familles entières, en train d'errer dans Paris avec leurs enfants.

– Peut-être que certains Parisiens les abriteront...

– Je l'espère. Mais pour combien de temps ?

Accablé, Paul se concentrait sur son pas. Au bout de la rue Nocard, un car de police semblait les attendre.

– C'est pour nous, ce panier à salade ?

– Ouais. Ne me demande pas comment je me le suis procuré ! Ça prendrait la nuit !

À leur approche, la porte arrière du véhicule s'ouvrit, laissant descendre Blanche et les enfants, qui coururent à

---

1. Les sept mille Juifs prisonniers du Vel' d'Hiv' y resteront six jours entiers. Avant de partir pour Drancy. En tout, c'est plus de treize mille Juifs qui quitteront la France en juillet 1942, vers les camps d'extermination.

leur rencontre. Blanche vint se jeter dans les bras de son mari, lui arrachant une grimace.

– Paul ! Enfin ! Tu es blessé ?

– Un peu, mais ce n'est rien, dit-il. En tout cas, rien de comparable à ce que vivent des milliers de Juifs en ce moment...

– Tu sais, aujourd'hui, dans les rues, les Parisiens ne parlaient que de la rafle ! La plupart étaient horrifiés ! Moi je crois que les nazis vont devoir lever le pied, on ne les laissera pas continuer leur ignominie, c'est trop...

Paul secoua la tête, sceptique.

– Aujourd'hui, j'ai vu de quoi l'homme est capable, soupira-t-il. Et, crois-moi, je pense qu'on va vers les temps les plus sombres qu'on ait connus...

Il sentit que Blanche serrait sa main.

– On s'en sortira, de ces temps, tu verras, lui dit-elle avec un petit sourire.

Paul ne pouvait s'empêcher de penser à ceux qui n'auraient pas, justement, la chance de s'en sortir.

Pendant ces retrouvailles, Phil avait porté Jonas jusqu'au car de police. Il l'allongea sur un brancard, rangé au fond du véhicule. Lise et François tendirent le cou pour voir leur ami. Celui-ci, conscient mais encore très faible, les salua d'un petit signe de la main.

– Qu'est-ce qu'il a ? demanda François, inquiet.

– Il est épuisé, expliqua Paul. On a de l'eau ?

– Oui, dit Blanche. Je vais lui en donner.

– J'ai pris plusieurs bidons, annonça Phil. De la nourriture, et de l'essence pour la route.

– Hein ? s'exclama Paul. La route ? Quelle route ?

– Grimpe, éluda Phil. Je te ferai le topo en roulant.

Épilogue

Le panier à salade fonçait dans la nuit, phares éteints. Tout en se concentrant sur la route, Phil exposait le plan qu'il avait mis au point, en accord avec Blanche :

– On file se cacher quelques jours à Nanterre, chez un garagiste de mes amis. Le temps de maquiller le car et de vous trouver des laissez-passer pour entrer en zone interdite[1]. Et puis après, en route vers la Bretagne ! Port-Navalo... ça te dit quelque chose ?

– C'est tes cousins qui vont en faire une tête ! lança Blanche.

Paul protesta :

– Mais... et l'appartement ?

– J'ai tout bouclé, dit Blanche et j'ai donné les clés à Phil.

– Je m'occuperai de tout, promit celui-ci. De toute façon, vous ne pouvez plus rester à Paris après ce qui s'est passé !

– Et les gamins ? L'école ?

– C'est les vacances ! lui rappela Lise.

– Et Decker ? demanda encore Paul.

– Ne pense plus à cette ordure, trancha Phil. Officiel-

---

1. Zone interdite : les régions côtières étaient soumises à un régime plus sévère que le reste de la zone occupée ; un laissez-passer spécial était exigé pour y circuler.

lement, tu as « disparu ». Mais fais-moi confiance : il va payer pour tout ce qu'il a fait !

Disparu. Paul prit soudain conscience que sa vie venait de basculer, ce jeudi 16 juillet 1942, et que plus rien ne serait comme avant...

– Moi j'ai toujours pas compris, intervint soudain François. Qu'est-ce que tu lui as fait, à ce type, pour qu'il te déteste comme ça ?

– Ils sont beaucoup comme lui, en ce moment, tu sais, expliqua son père. Ils ont la haine chevillée au corps. J'ai eu tort de le sous-estimer. J'aurais dû me méfier !

– Méfiez-vous... articula une petite voix à l'arrière du fourgon.

Les visages se tournèrent vers Jonas, sur sa civière. Appuyé sur un coude, il avait les yeux grands ouverts.

– Hein, bonhomme ? Qu'est-ce que tu dis ? lui demanda Paul.

– Méfiez-vous des ratés... avertit Jonas. Ils ne vous rateront pas. C'est Léo qui m'a dit ça, avant qu'on se quitte !

– Une maxime à méditer, admira le chauffeur.

– On dirait que ça va mieux, toi... constata Paul.

Jonas hocha la tête en souriant. Paul remarqua que le gamin serrait toujours son espèce de pendentif à travers son chandail... La clé de Léo.

« Il suffit de faire un vœu, pour que la clé le réalise... » avait dit le libraire en plaisantant. Jonas l'avait pris au mot.

Il avait souhaité que le Vel' d'Hiv' les trouve indigestes, Paul et lui. Et les régurgite...

Et ça avait marché ! La clé les avait réexpédiés à l'air libre. Elle avait rendu à Jonas sa liberté, ses amis, sa nouvelle famille. Un jour, peut-être, elle lui rendrait son père.

Jonas sortit la clé, la considéra un long moment au creux de sa paume. Puis il referma sa main, ferma les yeux et fit un nouveau vœu.

L'espoir s'était lové dans son cœur. Et plus rien ne pourrait l'en arracher.

SOURCES

Tous les personnages de ce roman sont fictifs. Seules les scènes auxquelles ils assistent le jour de la rafle du Vel' d'Hiv' sont inspirées de témoignages réels.

Pour écrire un roman qui traite de ce qu'on appela par la suite le « Jeudi Noir », quatre ouvrages m'ont été indispensables :

Tout d'abord, le livre de Claude Lévy et Paul Tillard, *La Grande Rafle du Vel' d'Hiv'* (édité chez Robert Laffont), qui analyse la rafle en détail, des préparatifs jusqu'à son exécution. C'est LE livre incontournable sur le sujet.

Ensuite, celui de Blanche Finger et William Karel, *Opération « Vent printanier »* (aux éditions La Découverte), qui donne la part belle aux rescapés de la rafle, dont les récits sont aussi ahurissants que terrifiants. Enfin, *Le Fichier*, d'Annette Kahn (Robert Laffont), et *L'Étoile jaune*, de Léon Poliakov (éditions Grancher), m'ont beaucoup appris sur la condition des Juifs sous l'Occupation.

Durant l'écriture de ce livre, une question épineuse m'a hanté :

QUI SAVAIT QUOI ? Qui pouvait affirmer que les Juifs parqués au Vel' d'Hiv' et à Drancy, puis déportés vers l'est, étaient promis à une mort certaine ?

Pour commencer, rappelons quelques faits que l'opinion

publique de juillet 1942 ignorait à coup sûr. Le 20 janvier 1942, lors d'une entrevue dite conférence de Wannsee (une petite ville aux environs de Berlin), les dirigeants nazis examinèrent comment mettre en œuvre la « solution finale ». Autrement dit, l'extermination totale des Juifs d'Europe. En fait, l'élimination des Juifs par le gaz avait déjà commencé, le 7 décembre 1941, à Chelmno, en Pologne.

LES PARISIENS POUVAIENT-ILS S'EN DOUTER ? Dans leur grande majorité, sûrement pas. Pourtant, la rafle du Vel' d'Hiv' a brutalement mis en lumière la cruauté de l'occupant et du gouvernement de Vichy envers les Juifs. Et dès le lendemain de la rafle, quelques voix s'élevèrent. En vain.

LES JUIFS EUX-MÊMES ÉTAIENT-ILS AU COURANT ? La plupart de ceux qui avaient été prévenus de l'imminence d'une rafle n'y croyaient pas. Puis, dès le début des arrestations, certains eurent le pressentiment de leur fin et, plutôt que de se livrer aux policiers, préférèrent se donner la mort. D'autres encore ne purent supporter d'être enfermés dans le Vel' d'Hiv' et se jetèrent du haut des gradins.

QUE SAVAIT LA RÉSISTANCE ? Des témoignages nous apprennent que, quelques jours avant la rafle du Vel' d'Hiv', la Résistance distribua des tracts pour prévenir les Juifs. Les seuls tracts qui nous soient parvenus datent de septembre 1942.

POUVAIT-ON DEVINER CE QUI ATTENDAIT

LES JUIFS ? Une édition française de *Mein Kampf*, le livre-programme de Hitler, où était annoncée leur éviction de la vie publique, circulait déjà avant la guerre. Sans parler des brochures de propagande nazies qui ne laissaient aucun doute sur le sort réservé aux Juifs. En 1939, la revue *Questions du jour* titrait « La vérité sur les atrocités allemandes ». On y parlait déjà de Juifs pendus, fusillés dans le camp de Wilno, en Pologne.

Au chapitre 3 de « Sous une mauvaise étoile », je cite un extrait d'un message diffusé par la BBC le 1er juillet 1942. Quinze jours avant la rafle du Vel' d'Hiv', on y avançait le chiffre de sept cent mille Juifs massacrés en Pologne depuis le début de la guerre. Un grand nombre d'entre eux furent assassinés dans ce qu'on appelait des « chambres de Hitler ». Il s'agissait en fait de camions dont on faisait déboucher le tuyau d'échappement dans l'habitacle des prisonniers. Ce message passa vers 21 h 30 - 22 h 00, heure de grande écoute malgré les interdictions.

Bien sûr, ces exemples ne démontrent pas que « tout le monde savait »... Mais prouvent qu'un certain nombre de personnes pouvaient savoir.

Pourquoi avoir choisi un policier comme héros ? Paul me permettait d'évoquer l'organisation de la rafle vue « de l'intérieur », et donc de rappeler le rôle peu glorieux qu'a joué la police française en arrêtant les Juifs parisiens, en juillet 1942.

Jean-Paul Cointet, *PARIS 40-44*, Perrin.

Blanche Finger et William Karel, *Opération « Vent printanier »*, La Découverte.

Annette Kahn, *Le Fichier*, Robert Laffont.

Claude Lévy et Paul Tillard, *La Grande Rafle du Vel' d'Hiv'*, Robert Laffont.

Annette Muller, *La Petite Fille du Vel' d'Hiv'*, Denoël.

Léon Poliakov, *L'étoile jaune*, Grancher.

Jean-Louis Crémieux-Brilhac (sous la direction de), *Les Voix de la Liberté - ICI LONDRES 1940-1944* - vol. 2, La Documentation française.

Un documentaire en vidéo

Blanche Finger et William Karel, *La Rafle du Vel' d'Hiv', 16-17 juillet 1942*, Éditions Montparnasse.

Quelques adresses Internet

Un site très complet sur la déportation :

http ://perso.wanadoo.fr/d-d.natanson/index.html

Voir aussi : « La lettre des Résistants et déportés juifs » :

http ://www.cie.fr/urdf/index.htm

Les chiffres de la rafle du Vel' d'Hiv' proviennent du livre de Serge Klarsfeld : *Le Calendrier de la persécution des Juifs en France 1940-1944*, publié par l'Association de filles et fils de déportés juifs de France, 1993.

Remerciements :

À Richard Sebaoun qui, un soir d'avril, dans les rues de Port-Navalo, nous a trouvé ce si beau titre.

À Christian Léourier, pour son œil infaillible.

Et bien sûr à Babeth... pour ses conseils ô combien ! judicieux !

LA RAFLE DU VELODROME D'HIVER

La doctrine hitlérienne, fondée sur la suprématie de la « race allemande », aboutit à la décision d'éliminer les Juifs, présentés comme une menace pour l'Allemagne. Dès 1933, quand Hitler arrive au pouvoir, des camps sont construits pour y enfermer les opposants au régime, puis les « indésirables », dont les Juifs. En 1938, l'Allemagne annexe l'Autriche ; en 1939, elle envahit la Tchécoslovaquie, puis la Pologne. Dans tous ces pays, des camps sont créés. Parmi ces camps de travail où la vie des prisonniers est si dure qu'ils meurent en grand nombre, certains seront transformés en camps d'extermination, après que les dignitaires nazis réunis le 20 janvier 1942 à Wannsee, près de Berlin, ont mis au point les modalités de la « solution finale », à savoir l'assassinat de tous les Juifs d'Europe.

En mai-juin 1940, la France est à son tour envahie par l'armée allemande. Comme les autres pays vaincus, la France va connaître la déportation des Juifs présents sur son sol. Or, cette persécution va bénéficier de la politique résolument antijuive du gouvernement de Vichy. Formé le 10 juillet 1940 par le vote des parlementaires qui donne les pleins pouvoirs au maréchal Pétain, ce gouvernement va en effet prendre, de sa propre initiative, des mesures d'exclusion à l'encontre des Juifs. Ainsi, le 17 juillet, une loi leur interdit l'accès à la fonction publique. Le 3 octobre 1940, le gouvernement de Vichy promulgue le premier statut des Juifs : ceux-ci sont exclus de toute responsabilité politique et de tous les postes importants de l'administration. Sur le territoire qui n'est pas encore occupé par les troupes allemandes (la zone libre), les Juifs étrangers sont regroupés dans des camps d'internement.

Du 3 au 20 octobre 1940, les Juifs de Paris sont invités, par ordre alphabétique, à se présenter dans les commissariats afin d'être recensés. Des marques distinctives sont tamponnées sur leur papiers d'identité.

Les Juifs sont exclus de nombreuses professions, ce qui les prive de tous moyens de subsistance. Des affiches jaunes portant la mention « entreprise juive » sont apposées à la devanture de leurs commerces ou de leurs ateliers. Bientôt, ceux-ci leur seront confisqués : de nouvelles affiches, rouges celles-là, informeront alors le passant que la direction en est dorénavant confiée à un « commissaire-gérant aryen », c'est-à-dire non juif.

À la demande des Allemands, le Commissariat général aux questions juives est créé le 29 mars 1941. Sa mission est d'élaborer les lois et règlements anti-israélites en liaison directe avec la police allemande. L'accès aux lieux publics : cinémas, théâtres, parcs et jardins, cabines téléphoniques, est interdit aux Juifs.

Un nouveau palier est franchi quand, du 20 au 22 août 1941, les Allemands arrêtent à Paris 4 232 Juifs étrangers, principalement dans le XIe arrondissement, et les conduisent au camp de Drancy, dans la banlieue parisienne. Le 12 décembre 1941, ce sont 743 notables juifs, des commerçants et des intellectuels, qui sont à leur tour arrêtés et internés le soir même au camp de Royallieu, près de Compiègne. La première déportation de France pour Auschwitz intervient le 27 mars 1942.

Le 29 mai 1942, les Allemands imposent le port de l'étoile jaune à tous les Juifs français âgés de plus de six ans.

En juin 1942, Adolf Eichmann, chef de la section juive de la police allemande, exige du gouvernement français la déportation des Juifs de France. Un premier programme visant à arrêter les Juifs d'origine allemande, autrichienne, tchécoslovaque, russe, balte, luxembourgeoise et sans nationalité, réfugiés en France, est décidé : sont visées 30 000 personnes, dont 22 000 dans la région parisienne. Les Allemands insistent pour que cette rafle soit perpétrée par la seule police française. D'abord hostile à cette exigence parce qu'il craint qu'elle soit impopulaire, le gouvernement finit par y consentir.

Le 16 juillet dans la matinée, les Parisiens assistent à un va-et-vient inhabituel d'autobus surchargés de passagers. Escortés par des policiers, des milliers de Juifs, chargés de colis, sont acheminés vers Drancy s'ils sont célibataires, les familles prenant la direction du Vélodrome d'hiver. Une grande majorité sont des femmes et des enfants : sur 8 096 personnes enfermées dans le Vélodrome, on dénombre 1 129 hommes, 2 916 femmes et 4 051 enfants.

L'arrestation des enfants de moins de seize ans est une initiative des autorités françaises. Pierre Laval, président du Conseil à l'époque, expliquera lors de son procès, à la Libération, qu'il avait paru nécessaire de les déporter eux aussi, pour se rapprocher du nombre exigé par les Allemands tout en épargnant les Juifs français. Plus sûrement, cette décision résulte de l'incapacité de l'administration à prendre en charge tous ces enfants séparés de leurs parents.

Dans le Vélodrome d'hiver surchauffé par le soleil cognant sur la verrière du toit, rien n'est préparé pour accueillir les prisonniers. Sans moyens de couchage, avec peu de nourriture et des conditions d'hygiène désastreuses, ces malheureux vivent six jours épouvantables, avant d'être transportés dans les camps de Pithiviers et de Beaune-la-Rolande près d'Orléans, en attendant leur départ pour un camp d'extermination, début août. 3 000 enfants, arrachés à leur famille, sont enfermés à Drancy, avant d'être à leur tour déportés du 17 au 28 août.

Le bilan de la rafle s'établit à environ 13 000 arrestations. Ce nombre est jugé « totalement insuffisant » par les autorités allemandes. Beaucoup d'hommes, prévenus par la rumeur, avaient déserté leur domicile la veille au soir (les rafles précédentes avaient en effet frappé uniquement les hommes). Quelques enfants, trop peu hélas, préalablement confiés à des familles d'accueil ou à des œuvres, échappèrent également à un sort tragique.

Des rafles seront également menées en province en juillet et octobre 1942. Bientôt, à l'arrestation massive de Juifs étrangers succédera celle de Juifs français. À partir de 1943, les rafles seront organisées par les Allemands, mais elles bénéficieront toujours du concours des autorités vichystes.

Si la rafle du Vel' d'Hiv' n'est pas la première vague d'arrestations des Juifs en France, elle marque une progression dans l'horreur : désormais, arrestations et déportations se font sans aucune considération d'âge, de sexe ni d'état de santé. Elle a également frappé l'opinion publique, et sapé la confiance de nombreux Français dans le gouvernement du maréchal Pétain, qui s'est clairement et ouvertement rendu complice de la barbarie nazie.

En 1940, il y avait environ 320 000 Juifs en France, dont la moitié étaient des étrangers, réfugiés en France pour fuir les persécutions dont ils avaient été victimes dans leur pays. Près de 76 000 ont été déportés, dont 11 600 enfants. Seuls 2 500 ont survécu. •

STÉPHANE DESCORNES

Né à Paris en 1969, Stéphane Descornes est l'auteur de *Contes et Récits de Paris* (éditions Nathan) ; d'histoires pour les lecteurs débutants (collection Petit Tandem, éditions Nathan) ; ainsi que des aventures d'Antarès, agent Spatio temporel (éditions Degliame), qu'il écrit en collaboration avec son vieux copain, Christophe Lambert.

DANS LA MÊME COLLECTION

Août 44
Paris sur scène
Christian Grenier

Oran 62
La Rupture
Pierre Davy

Haumont 14-16
L'Or et la Boue
Christophe Lambert

Verdun 1916
Un tirailleur en enfer
Yves Pinguilly

Juin 40
Peur sur la route
Philipe Barbeau

1944 -1945
Les Sabots
Jean-Pierre Vittori

Guadeloupe 1943
Sous le vent de la guerre, « Antan Sorin »
Pierre Davy

Italie, mai 44
Le Ciel déchiré
Guy Jimenes

Les maquis du Périgord, 1944
Le Printemps de Thomas
Dany et Michel Jeury

Indochine 54
Tombés du ciel
Stéphane Descornes

7 mai 1915
Le Secret du *Lusitania*
Anne-Marie Paris

Cambodge 1941-1945
Le Sourire des dieux
Pierre Davy

Les chantiers de la jeunesse, 1940-1944
Une vie en suspens
Hélène Montardre

Sarajevo 1995
Entre deux feux
Flore Talamon

Réalisation de la maquette :
ÉQUILIBRE Multimédia - Fabienne Vérin - Entraigues-sur-la Sorgue (84)
Corrections : Sidonie Van den Dries
et Anne Dellenbach-Pesqué

N° de projet : 10136178
Imprimé en France par EMD S.A.S 53110 Lassay-les-Châteaux
N° dossier : 15843 - Dépôt légal : août 2006